ספר הבישול האמיתי של פיצה ביתית איטלקית

100 המתכונים והסודות הטובים ביותר לשליטה באמנות הפיצה האיטלקית

דלישטור לאינד

תוכן העניינים

מבוא

חלמתם פעם ליצור פיצות מענגות בנוחות של המטבח שלכם? ספר בישול פיצה תוצרת בית אמיתי שלנו הופך את החלום שלך למציאות, והופך את הבית שלך למיני פיצרייה איטלקית. בהיותו ספר בישול פיצה למתחילים, הספר שלנו מציע הוראות פשוטות, שלב אחר שלב, שיהפכו אותך למקצוען תוך זמן קצר! זה הזמן ללכלך את הידיים ולתת לריח הפיצה לחלחל בכל פינה בבית! צאו למסע קולינרי לאיטליה מבלי לעזוב את המטבח שלך! ספר מתכוני הפיצה שלנו אוצר בקפידה קשת של טעמים, ומשלב מסורת עם חדשנות. כל מתכון מגיע עם סיפור מקורותיו, מה שהופך אותו להרבה יותר מסתם ספר בישול - הוא דרכון ללב המטבח האיטלקי! שואב השראה מהמטבחים הכפריים של איטליה, ספר מתכוני הפיצה שלנו מפרק תהליכים מורכבים לשלבים פשוטים ומעשיים למתחילים. עם מדריך מרכיבים מקיף וטיפים לאפייה, אנחנו מביאים את איטליה הביתה אליך. בספר בישול פיצה תוצרת בית זה, תשלוט באומנות בצק הפיצה ותגלה שפע של תוספות טעימות. למד על המועדפים האיטלקיים האזוריים והתנסה בשילובים חדשים נועזים.

מקלאסיקות ועד חדשניות, ספר בישול הפיצה שלנו למתחילים נועד להפוך את הטירונים לפיצה ביתיים. אז, הפשילו שרוולים, הדליקו את התנור והתכוננו להרפתקה איטלקית שבלוטות הטעם שלכם לעולם לא ישכחו! אז למה לחכות? החזר את איטליה הביתה עם ספר הבישול של פיצה תוצרת בית אמיתית שלנו. תאבון!

עובי קרום

פיצה מגיעה בגרסאות קרום דק, בינוני ועבה. כמות הבצק היא הגורם העיקרי המשפיע על עובי הקרום. עם זאת, גם כמות העלייה משחקת תפקיד. בצק שתפח מעט או תפח יותר על המידה, או שהוא משטח לפני האפייה, נוטה ליצור קרום דק יותר מזה שמותר לתפוח (או להתפחה) לרמה אופטימלית לאחר הרידוד ולפני האפייה.

צוּרָה

פיצות מסווגות גם לפי צורה - כלומר, עגולות ומלבניות. פיצה המיוצרת בתבנית מלבנית נקראת לפעמים פיצה "מאפייה איטלקית" - המקום שבו היא נוצרה. עם זאת, עגולה היא הצורה הנפוצה ביותר בפיצריות, כנראה בגלל שהיא הכי קלה להכנה.
יש גם צורות מיוחדות, כמו פיצה בצורת לב, שהיא אהובה רב שנתי ליום האהבה.

הַרְכָּבָה

פיצות מסווגות גם לפי הפלטפורמה עליה הן מורכבות. בעיקרון, ישנם שלושה: מחבת, מסך וקליפה (או משוט) - המכונה פיצה מחבת, פיצה מסך ופיצה אפויה באח, בהתאמה. פיצה פאן נקראת גם פיצה עמוקה ופיצה מחבת. פיצות מבצק עבה יותר נוטות להיעשות במחבת בעוד שרזות יותר מורכבות לרוב על מסך או קליפה. כאשר מכינים אותה על קליפה, פיצה נאפית ישירות על האח או סיפון התנור. וריאציה על פיצה אפויה באח כוללת הכנה ואפייה של הפיצה על נייר לא בוער שעבר סיליקון.

מתכוני פיצה

1. ברביקיו פיצה עוף

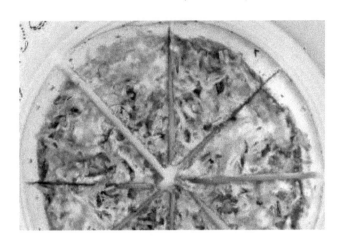

מַרְכִּיב

- או קמח לכל מטרה לקליפת הפיצה או ספריי טפלון f
- 1 בצק ביתי
- 6 כפות רוטב ברביקיו (השתמשו בכל זן שאתם מעדיפים, חם עד מתון)
- 4 אונקיות (1/4 פאונד) פרובולון מעושן או שוויצרי מעושן, מגורר
- 1 כוס בשר עוף קצוץ ומבושל
- 1/2 בצל אדום קטן, חתוך לקוביות (בערך 1/2 כוס)
- כפית עלי אורגנו טחונים או 1/2 כפית אורגנו מיובש
- אונקיה Parmigiana, מגוררת דק
- 1/2 כפית פתיתי פלפל אדום, לא חובה

הוראות הגעה:

a) בצק טרי על אבן פיצה. ראשית, אבק קלות קליפת פיצה בקמח. מוסיפים את הבצק ויוצרים ממנו עיגול גדול על ידי תחילה גומה בקצות האצבעות, ולאחר מכן הרמתו בקצהו ועיצובו בעזרת הידיים לעיגול בקוטר של כ-14 סנטימטרים. מניחים את הבצק המקומח כלפי מטה על הקליפה.

b) בצק טרי על מגש פיצה. משמנים בתרסיס טפלון ומניחים את הבצק בתלולית במרכז המגש או תבנית האפייה. גומלים את הבצק בקצות האצבעות, ולאחר מכן מושכים ולוחצים את הבצק עד שהוא יוצר עיגול בקוטר של כ-14 אינץ' על המגש או מלבן לא סדיר, כ-13×7 אינץ', על תבנית האפייה.

c) קרום אפוי. מניחים אותו על קליפת פיצה אם משתמשים באבן פיצה - או מניחים את הקרום האפוי ממש על מגש פיצה.

d) השתמשו במרית גומי כדי לפזר את רוטב הברביקיו באופן שווה על הבצק המוכן, תוך השארת גבול של 1/2 אינץ' בקצה. מעליהם את הגבינה המעושנת המגוררת.

e) מסדרים את חלקי העוף מעל הגבינה, ואז מפזרים את קוביות הבצל והאורגנו.

f) משטחים את הפרמיג'יאנה המגוררת ואת פתיתי הפלפל האדום, אם משתמשים בהם. החלק את הפאי מהקליפה לאבן החמה מאוד - או הנח את מגש הפיצה עם הפאי שלו ישירות בתנור או על החלק של הגריל שאינו נמצא ישירות מעל מקור החום.

g) אופים או צולים במכסה סגור עד שהקרום מזהיב והגבינה נמסה ואף החלה להשחים קלות, 16 עד 18 דקות. החליקו את הקליפה בחזרה מתחת לקרום כדי להסיר אותה מהאבן או העבירו את מגש הפיצה או את עלה הקמח עם הפאי לרשת. מניחים את הפאי בצד לצינון של 5 דקות לפני החיתוך וההגשה.

2. פיצה בקר ופטריות

מַרכִּיב

- קמח לכל מטרה לניקוי אבק מקליפת הפיצה או ספריי טפלון לשימון מגש הפיצה
- 1 בצק ביתי
- 1 כף חמאה ללא מלח
- 1 בצל צהוב קטן, קצוץ (בערך 1/2 כוס)
- 5 אונקיות פטריות קרמיני או כפתור לבן, פרוסות דק (בערך 11/2 כוסות)
- 8 אונקיות (1/2 פאונד) בשר בקר רזה
- 2 כפות שרי יבש, ורמוט יבש או יין לבן יבש
- 1 כף עלי פטרוזיליה טחונים
- 2 כפיות רוטב ווסטרשייר
- 1 כפית גבעול עלי טימין
- 1 כפית עלי מרווה טחונים
- 1/2 כפית מלח
- 1/2 כפית פלפל שחור גרוס טרי
- 2 כפות רוטב סטייק בבקבוק
- 6 אונקיות צ'דר, מגורר

כיוונים

a) בצק טרי על אבן פיצה. אבק קליפת פיצה בקמח קבע את הבצק במרכזו. יוצרים מהבצק עיגול גדול על ידי גומה בקצות האצבעות.

b) בצק טרי על אבן פיצה. אבק קליפת פיצה בקמח. מניחים עליו את הבצק ובעזרת קצות האצבעות חורצים את הבצק לעיגול גדול. הרימו את הבצק בקצהו והופכים אותו בידיים עד שהוא עיגול בקוטר של כ-14 סנטימטרים. מניחים את הבצק המעוצב עם צד מקומח כלפי מטה על הקליפה.

c) בצק טרי על מגש פיצה. משמנים או עם ספריי נון-סטיק. הניחו את הבצק על המגש או על תבנית האפייה, פתחו אותו בקצות האצבעות - ואז משוך ולחץ עליו עד שהוא יוצר עיגול בגודל 14 אינץ' על המגש או מלבן לא סדיר בגודל 12 × 7 אינץ' על תבנית האפייה.

d) קרום אפוי. מניחים אותו על קליפת פיצה אם משתמשים באבן פיצה - או מניחים את הקרום האפוי ממש על מגש פיצה.

e) ממיסים את החמאה במחבת גדולה על אש בינונית. מוסיפים את הבצל לבשל, תוך ערבוב לעתים קרובות, עד לריכוך, כ-2 דקות.

f) מוסיפים את הפטריות ממשיכים לבשל, תוך ערבוב מדי פעם, עד שהן מתרככות, משחררות את הנוזל שלהן, וזה מתאדה לזיגוג, כ-5 דקות.

g) מפוררים פנימה את בשר הבקר הטחון, תוך ערבוב מדי פעם, עד להשחמה היטב ומבושלת, כ-4 דקות.

h) מערבבים פנימה את השרי, או התחליף שלו, את הפטרוזיליה, רוטב ווסטרשייר, טימין, מרווה, מלח ופלפל. ממשיכים לבשל תוך ערבוב מתמיד עד שהמחבת שוב יבשה. מניחים בצד מהאש.

i) מורחים את רוטב הסטייק באופן שווה על הקרום, ומשאירים גבול של 1/2 אינץ' בקצה. למעלה עם הצ'דר המגורר, לשמור על הגבול הזה נקי.

j) כף ומפזרים את תערובת הבקר הטחון באופן שווה על גבי הגבינה. לאחר מכן החליקו את הפיצה מהקליפה אל האבן החמה - או הניחו את הפאי על מגש הפיצה או עלה הקמח בתנור או על החלק הלא מחומם של מגרדת הגריל.

k) אופים או צולים במכסה סגור עד שהגבינה החלה לבעבע והקרום שחום בקצהו ומעט יציב למגע, 16 עד 18 דקות. הקפידו להצמיח בועות אוויר המתעוררות על בצק טרי, במיוחד בקצה ובמיוחד במהלך 10 הדקות הראשונות של האפייה. מחליקים את הקליפה בחזרה מתחת לקרום, תוך הקפדה לא לעקור את הציפוי, ולאחר מכן מניחים בצד ל-5 דקות - או הניחו את הפיצה על מגש הפיצה על רשת למשך אותו פרק זמן לפני שפורסים ומגישים. מכיוון שהפינגים כבדים במיוחד, ייתכן שלא ניתן יהיה להסיר את הפיצה בקלות מהקליפה, המגש או תבנית האפייה לפני החיתוך. אם משתמשים במגש טפלון או בנייר אפייה, העבירו בזהירות את כל הפאי לקרש חיתוך כדי למנוע חריצים במשטח הנון-סטיק.

3. פיצה ברוטב ברוקולי וגבינה

מַרכִּיב

- קמח לכל מטרה לניקוי אבק קליפת פיצה או ספריי טפלון לשימון מגש פיצה
- 1 בצק ביתי
- 2 כפות חמאה ללא מלח
- 2 כפות קמח לכל מטרה
- 11/4 כוסות חלב רגיל, דל שומן או נטול שומן
- 6 אונקיות צ'דר, מגורר
- 1 כפית חרדל דיז'ון
- 1 כפית גבעול עלי טימין או 1/2 כפית טימין מיובש
- 1/2 כפית מלח
- כמה קורות רוטב פלפל אדום חריף
- 3 כוסות פרחי ברוקולי טריים, פרחי ברוקולי מאודים או קפואים, מופשרים (
- 2 אונקיות Parmigiana או Grana Padano, מגוררת דק

הוראות הגעה:

a) בצק טרי על אבן פיצה. אבק קליפת פיצה בקמח. מניחים את הבצק במרכז הקליפה ויוצרים מהבצק עיגול גדול על ידי גומה בקצות האצבעות. הרים את הבצק וסובב אותו על ידי החזקת הקצה שלו, מושך אותו מעט תוך כדי, עד שהקרום הוא עיגול בקוטר של כ-14 סנטימטרים. מניחים אותו עם הצד המקומח כלפי מטה על הקליפה.

b) בצק טרי על מגש פיצה. משמנים אחד או אחר עם ספריי נון-סטיק. מניחים את הבצק על המגש או תבנית האפייה, גומחים את הבצק בקצות האצבעות עד לקבלת עיגול שטוח. ממיסים את החמאה בסיר גדול על אש בינונית. מקציפים פנימה את הקמח עד לקבלת תערובת חלקה והתערובת שהתקבלה הופכת לבלונדינית בהירה מאוד, כדקה.

c) מנמיכים את האש לבינונית-נמוכה וטורפים פנימה את החלב, יוצקים אותו בזרם איטי ויציב לתוך תערובת החמאה והקמח. המשך להקציף על האש עד שמסמיך, כמו גלידה מומסת, אולי קצת יותר דקה, כ-3 דקות או בסימן הראשון של רתיחה. מסירים את המחבת מהאש וטורפים פנימה רוטב צ'דר מגורר, חרדל, טימין, מלח ורוטב פלפל אדום חריף (לפי הטעם). מצננים במשך 10 עד 15 דקות, תוך טריפה מדי פעם.

d) אם אתה עובד עם קרום אפוי, דלג על שלב זה. אם אתה משתמש בבצק טרי, החלק את הקרום המעוצב אך עדיין לא מכוסה מהקליפה אל האבן החמה או הנח את הקרום על המגש או תבנית האפייה שלו בתנור או על החלק הלא מחומם של הגריל. אופים או צולים במכסה סגור עד שהקרום חום בהיר, תוך הקפדה על בועות אוויר המתעוררות על פני השטח שלו או בקצהו, כ-12 דקות. החלק את הקליפה בחזרה מתחת לקרום כדי להסיר אותה מהאבן - או העבירי את מגש הפיצה עם הקרום לרשת.

e) מורחים את רוטב הגבינה הסמיך על הקרום, ומשאירים גבול של 1/2 אינץ' בקצה. מעליהם את פרחי הברוקולי, מסדרים אותם באופן שווה על הרוטב. מפזרים את הפרמיג'יאנה המגוררת.

.4 פיצה ברוטב ברוקולי ורוטב עגבניות

מַרְכִּיב

- או קמח תירס צהוב לאבק קליפת פיצה או שמן זית לשימון מגש פיצה
- 1 בצק ביתי
- 1 פימיאנטו גדול בצנצנת או פלפל אדום קלוי
- 1/2 כפית פתיתי פלפל אדום
- 1/2 כוס רוטב פיצה קלאסי
- 3 אונקיות מוצרלה, מגוררת
- פרובולון של 3 אונקיות, מינסטר, או הווארטי, מגורר
- 2 כוסות פרחי ברוקולי קפואים או פרחים טריים, מאודים
- 1 אונקיה Parmigiana או Grana Padano, מגוררת דק

כיוונים

a) בצק טרי על אבן פיצה. אבק קליפת פיצה בקמח קבע את הבצק במרכזו. יוצרים מהבצק עיגול גדול על ידי גומה בקצות האצבעות.

b) בצק טרי על אבן פיצה. אבק קליפת פיצה בקמח תירס. מניחים את הבצק כגוש על הקליפה ואז חורצים אותו בקצות האצבעות עד לקבלת עיגול גדול. הרימו את הבצק, החזיקו אותו בקצהו בשתי הידיים, וסובבו אותו, נמתח מעט, עד שהוא הופך לעיגול בקוטר של כ-14 סנטימטרים. הניחו אותו עם קמח התירס כלפי מטה על הקליפה. אם השתמשת בבצק פיצה כוסמין, הוא עשוי להיות שביר מדי לעצב בטכניקה זו

c) בצק טרי על מגש פיצה. משמנים את המגש או תבנית האפייה בשמן זית. הניחו את הבצק על אחד מהם וגומו אותו עם קצות האצבעות - ואז משוך ולחץ על הבצק עד שהוא יוצר עיגול בגודל 14 אינץ' על המגש או מלבן לא סדיר, באורך 13 אינץ' על 7 אינץ' רוחב, על תבנית האפייה. קרום אפוי. מניחים אותו על קליפת פיצה מקומחת אם משתמשים באבן פיצה - או מניחים את הקרום האפוי ממש על מגש פיצה.

d) טוחנים את הפימיינטו עם פתיתי הפלפל האדום במיני מעבד מזון עד לקבלת מרקם חלק. לחילופין, טוחנים אותם במכתש עם עלי עד לקבלת עיסה חלקה. לְהַפְרִישׁ. מורחים את רוטב הפיצה באופן שווה על הקרום המוכן, ומשאירים גבול של 1/2 אינץ' בקצה. למעלה עם שתי הגבינות המגוררות, תוך שמירה על גבול זה שלם.

e) מפזרים את פרחי הברוקולי מסביב לפשטידה, ושוב משאירים את הגבול הזה ללא פגע. מנקדים את מחית הפימיינטו מעל, תוך שימוש בכפית אחת לכל כף. מעל את הפרמיג'יאנה המגוררת דק. החלק בזהירות את הפיצה מהקליפה אל האבן החמה - או אם השתמשת במגש פיצה או בנייר אפייה, הניחו או עם הפאי שלה בתנור או מעל החלק הלא מחומם של הגריל.

f) אופים או צולים במכסה סגור עד שהגבינה נמסה, הרוטב האדום סמיך והקרום חום זהוב ויציב למגע, 16 עד 18 דקות.

g) או החליקו את הקליפה בחזרה מתחת לפיצה כדי להוריד אותה מהאבן החמה מאוד או העבירו את הפיצה על המגש או התבנית שלה לרשת. אם ברצונכם להבטיח שהקרום יישאר פריך, הסר את הפאי מהקליפה, המגש או מתבנית האפייה לאחר שהתקרר במשך כדקה אחת, הנח את הפיצה ישירות על הרשת. בכל מקרה, מצננים בסך הכל 5 דקות לפני שפורסים.

5. פיצת עוף בופאלו

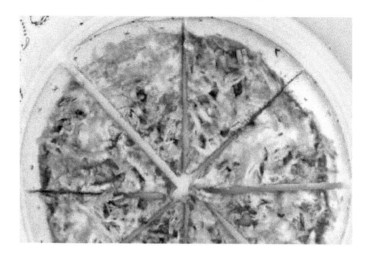

מַרְכִּיב

- קמח תירס צהוב לאבק קליפת פיצה או חמאה לא מלוחה לשימון מגש פיצה
- 1 בצק ביתי
- 1 כף חמאה ללא מלח
- חזה עוף ללא עצמות של 10 אונקיות, פרוס דק
- 1 כף רוטב פלפל אדום חריף, רצוי טבסקו
- 1 כף רוטב ווסטרשייר
- 6 כפות רוטב צ'ילי בבקבוק, כמו היינץ
- 3 אונקיות מוצרלה, מגוררת
- 3 אונקיות מונטריי ג'ק, מגורר
- 3 צלעות סלרי בינוניות פרוסות דק
- גבינה כחולה של 2 אונקיות, כמו גורגונזולה, כחולה דנית או רוקפור

כיוונים

a) בצק טרי על אבן פיצה. אבק קליפת פיצה בקמח קבע את הבצק במרכזו. יוצרים מהבצק עיגול גדול על ידי גומה בקצות האצבעות.

b) בצק טרי על אבן פיצה. אבק קליפת פיצה בקמח תירס. מניחים את הבצק במרכז הקליפה ויוצרים מהבצק עיגול גדול על ידי גומה בקצות האצבעות. הרימו את הבצק ועצבו אותו בעזרת הידיים, מחזיקים את הקצה שלו, הופכים את הבצק באיטיות עד לקבלת עיגול בקוטר של כ-14 סנטימטרים. הניחו אותו עם קמח התירס כלפי מטה על הקליפה.

c) בצק טרי על תבנית אפייה. מרחו מעט חמאה ללא מלח על מגבת נייר, ולאחר מכן שפשפו אותה סביב מגש פיצה כדי לשמן אותה היטב. מניחים את הבצק על המגש או תבנית האפייה, גומחים את הבצק בקצות האצבעות עד לקבלת עיגול שטוח. לאחר מכן משוך ולחץ עליו עד שהוא יוצר עיגול בגודל 14 אינץ' על המגש או מלבן לא סדיר בגודל 12 × 7 אינץ' על תבנית האפייה. קרום אפוי. מניחים אותו על קליפת פיצה מאובקת קמח תירס אם משתמשים באבן פיצה - או מניחים את הקרום האפוי על מגש פיצה עם חמאה או תבנית אפייה גדולה.

d) ממיסים את החמאה במחבת גדולה או בווק על אש בינונית. מוסיפים את טבח העוף הפרוס, תוך ערבוב לעתים קרובות, עד שהוא מוכן, כ-5 דקות. מסירים את המחבת או הווק מהאש ומערבבים פנימה את רוטב הפלפל האדום החריף ואת רוטב ווסטרשייר. מורחים את רוטב הצ'ילי על הקרום, דואגים להשאיר גבול של 1/2 אינץ' בקצה. מניחים את הפרוסות המצופה על הרוטב.

e) מעליהם את המוצרלה המגוררת ואת מונטריי ג'ק, תוך שמירה על קצה הקרום. מפזרים את הסלרי הפרוס באופן שווה על הפאי. לבסוף, מפוררים את הגבינה הכחולה באופן אחיד בטפטופים קטנים ומטפטפים על כל התוספות האחרות.

מַרְכִּיב

- קמח תירס צהוב לקליפה או ספריי נון-סטיק למגש הפיצה או נייר האפייה
- 1 בצק ביתי,
- 2 כפות חמאה ללא מלח
- 3 שיני שום, קצוצות
- 4 כוסות עלי מנגולד שוויצרי ארוזות היטב, מגוררות עם גבעולים
- מוצרלה של 6 אונקיות, מגוררת
- 1/3 כוס גורגונזולה מפוררת, כחול דני או רוקפור
- 1/2 כפית אגוז מוסקט מגורר
- עד 1/2 כפית פתיתי פלפל אדום, אופציונלי

כיוונים

a) בצק טרי על אבן פיצה. אבק קליפת פיצה בקמח קבע את הבצק במרכזו. יוצרים מהבצק עיגול גדול על ידי גומה בקצות האצבעות.

b) בצק פיצה טרי על אבן פיצה. אבק קליפת פיצה בקמח תירס, ואז מניחים את הבצק במרכזו. יוצרים ממנו עיגול גדול על ידי גומה בקצות האצבעות. הרימו אותו ועצבו אותו בעזרת הידיים, מחזיקים את הקצה שלו, הופכים לאט את הבצק עד שהוא בקוטר של כ-14 סנטימטרים. מניחים אותו עם הצד המקומח כלפי מטה על הקליפה.

c) בצק טרי על מגש פיצה. משמנים כל אחד מהם עם ספריי נון-סטיק. הניחו את הבצק על המגש או תבנית האפייה וגומלו את הבצק בקצות האצבעות - לאחר מכן מושכים ולוחצים אותו עד שנוצר עיגול בגודל 14 אינץ' על המגש או מלבן לא סדיר בגודל 12 × 7 אינץ' על תבנית האפייה.

d) קרום אפוי. מניחים אותו על קליפת פיצה אם משתמשים באבן פיצה - או מניחים את הקרום האפוי ממש על מגש פיצה.

e) מחממים את החמאה במחבת גדולה על אש בינונית. מוסיפים את השום ומבשלים במשך דקה.

f) מוסיפים את הירוקים ומבשלים, מערבבים לעתים קרובות עם מלקחיים או שני מזלגות, עד שהם רכים ונבולים, כ-4 דקות. לְהַפְרִישׁ.

g) מפזרים את המוצרלה המגוררת על הבצק, ומשאירים גבול של 1/2 אינץ' מסביב לקצה.

h) מעל עם תערובת הירוקים מהמחבת, ואז מפזרים את הגבינה הכחולה על הפיצה. מגררים את אגוז המוסקט מעל ומפזרים על פתיתי הפלפל האדום, אם רוצים.

i) החליקו את הפיצה מהקליפה אל האבן החמה או הניחו את הפאי על המגש או על עלה הקמח בתנור או על החלק הלא מחומם של הגריל. אופים או צולים במכסה סגור עד שהגבינה נמסה ומבעבעת והקרום יציב למגע, 16 עד 18 דקות. החליקו את הקליפה בחזרה מתחת לפשטידה כדי להוריד אותה מהאבן החמה, ואז הניחו אותה בצד - או העבירו את הפאי על המגש או על נייר האפייה לרשת. מצננים 5 דקות לפני שפורסים.

7. פיצה צ'וריסו ופלפל אדום

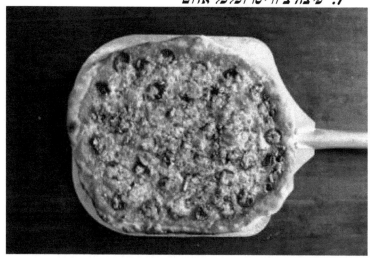

מַרכִּיב

- או קמח לכל מטרה לניקוי אבק הקליפה או ספריי נון-סטיק לשימון מגש הפיצה
- 1 בצק ביתי,
- 1 פלפל אדום בינוני
- עגבניות מיובשות ארוזות בשמן
- 1 שן שום, חתוכה לרבעים
- אונקיות מוצרלה או מונטריי ג'ק, מגוררת
- 4 אונקיות (1/4 פאונד) צ'וריסו ספרדי מוכן לאכילה, פרוס דק
- 1/2 כוס זיתים ירוקים מגולענים פרוסים
- 3 אונקיות מנצ'גו או פרמיג'יאנה, מגולחות לרצועות דקות

כיוונים

a) בצק טרי על אבן פיצה. אבק קליפת פיצה בקמח קבע את הבצק במרכזו. יוצרים מהבצק עיגול גדול על ידי גומה בקצות האצבעות.

b) בצק טרי על אבן פיצה. התחל באבק קליפת פיצה בקמח, ולאחר מכן מניחים את הבצק במרכזו. השתמשו בקצות האצבעות כדי לגמוע את הבצק, לפזר אותו מעט עד לקבלת עיגול משטח. הרם אותו ועצב אותו על ידי החזקת הקצה שלו והפיכתו לאט עד לקוטר של כ-14 אינץ'. מניחים אותו עם הצד המקומח כלפי מטה על הקליפה.

c) בצק טרי על תבנית אפייה. משמנים מגש פיצה בספריי טפלון. הניחו את הבצק על המגש או תבנית האפייה, ותעלו אותו בקצות האצבעות עד שיהיה עיגול שטוח - ואז מושכים ולוחצים אותו עד שנוצר עיגול בגודל 14 אינץ' על המגש או מלבן לא סדיר בגודל 12 × 17 אינץ' על תבנית האפייה. קרום אפוי. מניחים אותו על קליפת פיצה מקומחת אם משתמשים באבן פיצה - או מניחים את הקרום האפוי ממש על מגש פיצה.

d) מניחים את הפלפל על נייר אפייה קטן עם שפתיים וצולים 4 עד 6 אינץ' מפטם שחומם מראש עד להשחיר מסביב, הפוך מדי פעם, כ-4 דקות. בכל מקרה, מניחים את הפלפל המושחר בקערה קטנה וסוגרים היטב בניילון נצמד או סוגרים בשקית נייר. מניחים בצד ל-10 דקות.

e) מקלפים את החתיכות החיצוניות המושחרות מהפלפל. אין צורך להסיר כל חתיכה שחורה קטנה. גבעול, ליבה וזרע את הפלפל לפני שקורעים אותו לחתיכות גדולות. מניחים את החלקים האלה במעבד מזון. מוסיפים את העגבניות המיובשות והשום מעבדים עד לקבלת עיסה חלקה למדי, מגרדים את הצדדים עם מרית גומי לפי הצורך. מורחים את תערובת הפלפלים על הקרום, ומשאירים גבול של 1/2 אינץ' בקצה. משטחים את תערובת הפלפלים עם הגבינה המגוררת, ולאחר מכן מסדרים את פרוסות הצ'וריסו מעל הפיצה.

f) מפזרים את הזיתים על הפאי, ולאחר מכן מניחים את רצועות המנצ'גו המגולחות על פני התוספות.

8. פיצה דליקה ומנגולד

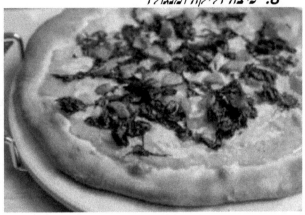

מַרְכִּיב

- קמח לכל מטרה לקליפת הפיצה או שמן זית למגש הפיצה
- 1 בצק ביתי
- 1 כף חמאה ללא מלח
- בצל צהוב קטן, קצוץ (בערך 1/2 כוס)
- כוס דלעת דליקטה זרועה וחתוכה לקוביות (2 או 3 דלעת בינונית)
- 4 כוסות עלי מנגולד שוויצרי קצוצים עם גבעולים
- 1/4 כוס יין לבן יבש או ורמוט יבש
- כף סירופ מייפל
- 1 כפית עלי מרווה טחונים
- 1/2 כפית קינמון טחון
- 1/2 כפית מלח
- 1/2 כפית פלפל שחור גרוס טרי
- 8 אונקיות פונטינה, מגורר

כיוונים

a) בצק טרי על אבן פיצה. אבק קליפת פיצה בקמח קבע את הבצק במרכזו. יוצרים מהבצק עיגול גדול על ידי גומה בקצות האצבעות.

b) בצק טרי על אבן פיצה. מפזרים קלות קליפת פיצה בקמח. מוסיפים את הבצק ויוצרים ממנו עיגול גדול על ידי גומה בקצות האצבעות. הרם אותו בשתי הידיים בקצהו וסובב אותו באיטיות, תנו לכוח הכבידה למתוח את העיגול בזמן שאתם עושים זאת גם בקצה שלו, עד שהוא בקוטר של כ-14 אינץ'. מניחים את הבצק המעוצב עם צד מקומח כלפי מטה על הקליפה.

c) בצק טרי על מגש פיצה. משמנים קלות את המגש או תבנית האפייה במעט שמן זית. הנח את הבצק במרכז ושקע את הבצק בקצות האצבעות כדי לשטח אותו לעיגול עבה - ואז משוך ולחץ עליו עד שנוצר עיגול בגודל 14 אינץ' על המגש או מלבן לא סדיר בגודל 12 × 7 אינץ' על תבנית האפייה. .

d) קרום אפוי. מניחים אותו על קליפת פיצה מקומחת אם משתמשים באבן פיצה - או מניחים את הקרום האפוי על מגש פיצה. ממיסים את החמאה במחבת גדולה על אש בינונית ואז מוסיפים את הבצל ומטגנים תוך ערבוב תכוף עד לשקיפות, כ-3 דקות. מערבבים פנימה את קוביות הדלעת ומבשלים, תוך ערבוב מדי פעם, במשך 4 דקות. מוסיפים את המנגולד הקצוץ ויוצקים פנימה את היין או הוורמוט. מערבבים כל הזמן עד שנבלים

חלקית ואז מערבבים פנימה את סירופ המייפל, המרווה, הקינמון, המלח והפלפל.

e) מערבבים היטב, מכסים, מנמיכים את האש לנמוכה ומבשלים תוך כדי ערבוב מדי פעם עד שהמנגולד והדלעת רכים והנוזלים מתאדים לזיגוג, כ-8 דקות. מורחים את הפונטינה המגוררת באופן שווה על הקרום, ומשאירים גבול של 1/2 אינץ' מסביב לקצהו.

f) מורחים את הדלעת והמנגולד בצורה אחידה על הגבינה. החליקו את הקרום מהקליפה על האבן המחוממת או הניחו את הפאי על המגש או תבנית האפייה בתנור או מעל החלק הלא מחומם של הגריל. אופים או צולים במכסה סגור עד שהגבינה מבעבעת והקרום הפך לחום זהוב, 16 עד 18 דקות.

g) מחליקים את הקליפה בחזרה מתחת לקרום כדי להסיר אותה מהאבן ומצננים במשך 5 דקות, או מעבירים את הפאי על המגש או על נייר האפייה לרשת להתקרר במשך 5 דקות.

9. פיצה קונפי ברווז

מַרכִּיב

- קמח לכל מטרה לקליפת הפיצה או ספריי טפלון למגש הפיצה
- 1 בצק ביתי
- 4 אונקיות (1/4 פאונד) גרוייר, מגורר
- 1/3 כוס שעועית לבנה משומרת, מרוקן ושטוף
- 1 ראש שום קלוי
- 2 כפות עלי מרווה טחונים או 1 כף מרווה מיובשת
- 2 כפיות עלי טימין גבעולים או 1 כפית טימין מיובש
- 1/2 כפית מלח
- 1/2 כפית פלפל שחור גרוס טרי
- רגלי קונפי ברווז של 4 אונקיות, נטולות עצם והבשר מגורר
- 2 אונקיות קילבסה מעושנת, מוכנה לאכילה, פרוסה דק
- 2/1 אונקיות פרמיגיאנה, מגוררת דק

כיוונים

a) בצק טרי על אבן פיצה. אבק קליפת פיצה בקמח קבע את הבצק במרכזו. יוצרים מהבצק עיגול גדול על ידי גומה בקצות האצבעות.

b) בצק טרי על אבן פיצה. לאחר שאבקתם קליפת פיצה בקמח, קבעו את הבצק במרכזו וגומלו את הבצק בקצות האצבעות, מותחים אותו עד לקבלת עיגול משוטח ומפותל. הרם אותו בקצה שלו וסובב אותו באיטיות בידיים שלך, תוך כדי כך מותח את הקצה שלו, עד שזה יהיה עיגול בקוטר של כ-14 אינץ'. מניחים את הבצק המקומח כלפי מטה על הקליפה.

c) בצק טרי על מגש פיצה. משמנים או עם תרסיס טפלון ומניחים את הבצק במרכז. גומלים את הבצק בקצות האצבעות - ואז משוך ולחץ על הבצק עד שהוא יוצר עיגול בגודל 14 אינץ' על המגש או מלבן לא סדיר, באורך של כ-12 אינץ' ורוחב של 7 אינץ', על תבנית האפייה. קרום אפוי. מניחים אותו על קליפת פיצה מקומחת אם משתמשים באבן פיצה - או מניחים את הקרום האפוי על מגש פיצה משומן.

d) מורחים את הגרוייר המגורר על הקרום, ומשאירים גבול של 1/2 אינץ' בקצה. משטחים את הגבינה עם השעועית, ואז סוחטים את עיסת השום מעל הפיצה. אם אתה משתמש בשום קלוי קלוי, רבע את השיניים כדי שניתן יהיה לפזר אותן על הפאי. מפזרים מרווה, טימין, מלח ופלפל.

e) מסדרים את בשר קונפי הברווז המגורר ואת עיגולי הקילבסה מעל הפאי, ואז מעלים את הפרמיג'יאנה המגוררת. החליקו את הפאי מהקליפה על האבן המחוממת או הניחו את הפאי על מגש הפיצה שלו בתנור או על החלק הלא מחומם של הגריל של הגריל.

f) אופים או צולים במכסה סגור עד שהקרום שחום קל וקצת יציב למגע, 16 עד 18 דקות. אם צצות בועות אוויר מסביב לקצוות של בצק טרי, דוקרים אותן במזלג

10.פיצה קציצות

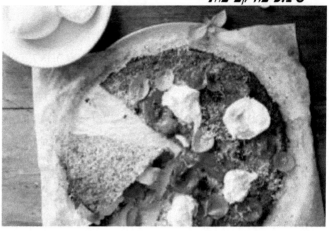

מַרְכִּיב

- או קמח לכל מטרה לקליפת הפיצה או שמן זית למגש הפיצה
- 1 בצק ביתי
- 8 אונקיות (1/2 פאונד) בשר בקר רזה
- 1/4 כוס עלי פטרוזיליה קצוצים
- 2 כפות פירורי לחם מיובשים רגילים
- חצי אונקיה אסיאגו, גרנה פדאנו או פקורינו, מגוררים דק
- 2 כפיות עלי אורגנו טחונים או 1 כפית אורגנו מיובש
- 1/2 כפית זרעי שומר
- 1/4 כפית מלח
- 1/4 כפית פלפל שחור גרוס טרי 5 שיני שום, טחונות
- 1 כף שמן זית
- 1 בצל צהוב קטן, קצוץ (בערך 1/2 כוס)
- פחית עגבניות מרוסקות בגודל 14 אונקיות
- 1 כפית גבעול עלי טימין
- 1/4 כפית אגוז מוסקט מגורר או טחון ו-1/4 כפית ציפורן טחון
- 1/4 כפית פתיתי פלפל אדום
- מוצרלה של 6 אונקיות, מגוררת
- 2 אונקיות Parmigiana, מגולח לרצועות דקות

כיוונים

a) בצק טרי על אבן פיצה. מפזרים קליפת פיצה בקמח, מניחים את הבצק במרכזו ויוצרים מהבצק עיגול גדול על ידי גומה בקצות האצבעות. הרימו אותו ועצבו אותו על ידי החזקת הקצה שלו וסיבובו, כל זאת תוך מתיחתו בעדינות, עד שהוא בקוטר של כ-14 אינץ'. מניחים אותו עם הצד המקומח כלפי מטה על הקליפה.

b) בצק טרי על מגש פיצה. לטפטף מעט שמן זית על מגבת נייר ולשמן את המגש. הניחו את הבצק באמצע וגומלו את הבצק בקצות האצבעות עד שהוא עיגול משוטח - ואז מושכים ולוחצים אותו עד שנוצר עיגול בגודל 14 אינץ' על המגש או מלבן לא סדיר בגודל 12 × 7 אינץ' על תבנית האפייה.

c) מניחים אותו על קליפת פיצה מקומחת אם משתמשים באבן פיצה - או מניחים את הקרום האפוי על מגש פיצה משומן.

d) מערבבים בקערה גדולה את בשר הבקר הטחון, הפטרוזיליה, פירורי הלחם, הגבינה המגוררת, האורגנו, זרעי השומר, 1/2 כפית מהמלח, 1/2 כפית

מהפלפל ו-1 שן שום טחונה. יוצרים 10 קציצות, בעזרת כ-2 כפות מהתערובת לכל אחת.

e) מחממים את שמן הזית בסיר רחב על אש בינונית. מוסיפים את הבצל ואת 4 שיני השום הטחונות הנותרות מבשלים, תוך ערבוב לעתים קרובות, עד לריכוך, כ-3 דקות.

f) מערבבים פנימה את העגבניות המרוסקות, הטימין, אגוז המוסקט, הציפורן, פתיתי הפלפל האדום, את 1/4 כפית המלח הנותרת ואת 1/4 כפית הפלפל הנותרת. מוסיפים את הקציצות ומביאים לרתיחה.

g) מנמיכים את האש לנמוכה ומבשלים ללא מכסה עד שהרוטב מסמיך והקציצות מבושלות, כ-20 דקות. מצננים בטמפרטורת החדר למשך 20 דקות.

h) מורחים את המוצרלה המגוררת על הקרום המוכן, ומשאירים גבול של 1/2 אינץ' בקצה. מוציאים את הקציצות מרוטב העגבניות ומניחים אותן בצד. כף ומורחים את רוטב העגבניות על הגבינה, דואגים לשמור על הגבול שלם.

i) חוצים כל קציצה לשניים ומניחים את החצאים החתוכים כלפי מטה על כל הפאי. מלמעלה עם קוביות הפלפל ולאחר מכן את הפרמיג'יאנה המגולחת. החליקו את הפיצה מהקליפה לאבן החמה או הניחו את הפיצה על המגש או תבנית האפייה שלה בתנור או מעל החלק הלא מחומם של הגריל.

j) אופים או צולים במכסה סגור עד שהרוטב מבעבע והקרום הפך לחום זהוב, 16 עד 18 דקות. החלק את הקליפה לאחור מתחת לקרום כדי להסיר אותה מהאבן החמה או העבירי את הפאי על המגש לרשת. מצננים 5 דקות לפני שפורסים.

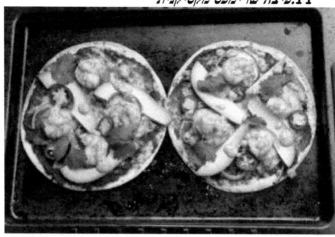

מַרְכִּיב

- קמח לכל מטרה לאבק את קליפת הפיצה או ספריי טפלון לשימון מגש הפיצה
- 1 בצק ביתי,
- שרימפס בינוני של 6 אונקיות (בערך 30 לקילוגרם), קלופים ומפותלים
- 8 אונקיות (1/2 פאונד) עגבניות שרי, טחונות
- 1 שאלוט בינוני, טחון
- 11/2 כפות עלי כוסברה טחונים
- 1 כף שמן זית כתית מעולה
- 1 כפית חומץ יין אדום
- 1/4 כפית מלח
- 6 אונקיות צ'דר, מגורר
- 1 ג'לפניו כבוש בצנצנת בינונית, זרע וטחון
- 1 כפית זרעי כמון, מרוסקים

כיוונים

a) בצק טרי על אבן פיצה. מפזרים קליפת פיצה בקמח, מניחים את הבצק
במרכזו ויוצרים מהבצק עיגול גדול ומשוטח על ידי גומה בקצות האצבעות.
הרימו אותו ועצבו אותו על ידי החזקת הקצה שלו והיפוך לאט ומתיחת
הבצק עד שהוא בקוטר של כ-14 סנטימטרים. מניחים אותו עם הצד
המקומח כלפי מטה על הקליפה.

b) בצק טרי על מגש פיצה. משמנים או עם תרסיס טפלון, ואז מניחים את
הבצק במרכז. גומל את הבצק בקצות האצבעות - ואז משוך ולחץ על הבצק
עד שהוא יוצר עיגול בקוטר של כ-14 אינץ' על המגש או מלבן לא סדיר
בגודל 12 × 7 אינץ' על תבנית האפייה. קרום אפוי. מניחים אותו על קליפת
פיצה אם משתמשים באבן פיצה - או מניחים את הקרום האפוי ממש על
מגש פיצה.

c) מתאימים סיר בינוני עם סיר אידוי ירקות. הוסף סנטימטר מים (אך לא כך
שהמים ירכבו אל תוך ספינת הקיטור) למחבת והביאו את המים לרתיחה על
אש גבוהה. מוסיפים את השרימפס, מכסים, מנמיכים את האש לנמוכה
ומאדים עד שהם ורודים ויציבים, כ-3 דקות. מוציאים ומרעננים מתחת למים
קרים כדי לעצור את הבישול שלהם. קוצצים לחתיכות בגודל ביס. מערבבים
בקערה קטנה את עגבניות השרי, השאלוט, הכוסברה, שמן הזית, החומץ
והמלח. מורחים את התערובת הזו על הקרום המוכן, ומשאירים גבול של
1/2 אינץ' בשפה.

d) למעלה עם הצ'דר המגורר, ואז לפזר את השרימפס הקצוץ, הג'לפניו הטחון
וזרעי הכמון המרוסקים. החלק את הפיצה מהקליפה לאבן החמה או מניחים
את הפאי על המגש או תבנית האפייה שלה בתנור או על החלק של הגריל
שלא נמצא ישירות מעל מקור החום או הגחלים. אופים או צולים עם מכסה
סגור עד שהקרום מזהיב והגבינה נמסה, 16 עד 18 דקות. אם עובדים עם
בצק טרי, בין אם תוצרת בית ובין אם קנוי בחנות, בדקו אותו מדי פעם כדי
שתוכלו לדקור בועות אוויר שעלולות להתעורר על פניו. כשהפיצה מוכנה,
החליקו את הקליפה בחזרה מתחתיה כדי להוריד אותה מהאבן או העבירו
את הפאי על המגש או על תבנית האפייה לרשת. מצננים 5 דקות לפני
החיתוך וההגשה.

12.פיצה נאצ'ו

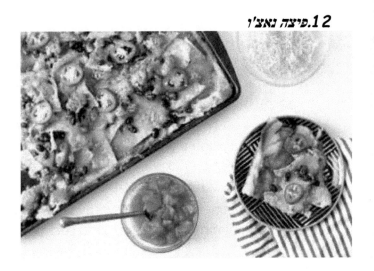

מַרכִּיב

- קמח תירס צהוב לניקוי אבק מקליפת הפיצה או ספריי נון-סטיק לשימון מגש הפיצה
- 1 בצק ביתי
- 11/4 כוסות שעועית משומרת משומרת
- 6 אונקיות מונטריי ג'ק, מגורר
- 3 עגבניות שזיפים בינוניות, קצוצות
- 1/2 כפית כמון טחון
- כפית עלי אורגנו טחונים או 1/2 כפית אורגנו מיובש
- 1/2 כפית מלח
- 1/2 כפית פלפל שחור גרוס טרי
- 1/3 כוס סלסה
- 1/2 כוס שמנת חמוצה רגילה או דלת שומן
- פרוסות ג'לפניו כבושים בצנצנת, לפי הטעם

כיוונים

a) בצק טרי על אבן פיצה. מפזרים קליפת פיצה בקמח תירס, מניחים את הבצק במרכזו ויוצרים מהבצק עיגול גדול על ידי גומה בקצות האצבעות. הרימו אותו ועצבו אותו עם הידיים בקצהו, הופכים לאט את הבצק עד שהוא בקוטר של כ-14 סנטימטרים. הניחו אותו עם קמח התירס כלפי מטה על הקליפה.

b) בצק טרי על מגש פיצה. משמנים את המגש או תבנית האפייה בתרסיס טפלון. הניחו את הבצק במרכז וגומו את הבצק בקצות האצבעות עד שיהיה עיגול גדול ומשוטח - לאחר מכן משוך ולחץ עליו עד ליצירת עיגול בגודל 14 אינץ' על המגש או מלבן לא סדיר, בערך 12 × 7 אינץ', על תבנית אפייה.

c) קרום אפוי. מניחים אותו על קליפת פיצה אם משתמשים באבן פיצה - או מניחים את הקרום האפוי ממש על מגש פיצה. השתמשו במרית גומי כדי לפזר את השעועית המחודשת על הקרום, לכסות אותה בצורה אחידה אך להשאיר גבול של 1/2 אינץ' בקצה. מעל השעועית את המונטריי ג'ק המגורר.

d) מערבבים את העגבניות הקצוצות, הכמון, האורגנו, המלח והפלפל בקערה גדולה, ואז מפזרים באופן שווה על הגבינה. מנקדים את הסלסה בכף קטנה על הקרום. החליקו את הפיצה מהקליפה אל האבן המחוממת או הניחו את הפאי על המגש או תבנית האפייה בתנור או על הגריל בחום עקיף. אופים או צולים במכסה סגור עד שהגבינה מבעבעת והשעועית חמה,

e) מחליקים את הקליפה בחזרה מתחת לקרום ומניחים בצד או מעבירים את הפאי על המגש או התבנית על רשת. מצננים 5 דקות. לקבלת קרום פריך יותר, הסר את הפיצה מהקליפה, המגש או מתבנית האפייה לאחר דקה או שתיים כדי לתת לה להתקרר ישירות על הרשת.

f) מעל את הפאי בטיפות שמנת חמוצה וכמה פרוסות ג'לפניו שתרצו לפני החיתוך וההגשה

13.פיצה אפונה וגזר

מַרְכִּיב

- קמח לכל מטרה לקליפת הפיצה או ספריי טפלון למגש הפיצה
- 1 בצק ביתי
- 2 כפות חמאה ללא מלח
- 11/2 כפות קמח לכל מטרה
- 1/2 כוס חלב מלא, דל שומן או נטול שומן
- 1/2 כוס שמנת כבדה, קצפת או קלה 3 אונקיות
- 2 כפיות עלי טימין גבעולים או 1 כפית טימין מיובש
- 1/2 כפית אגוז מוסקט מגורר
- כוס אפונה טרייה קלופה או אפונה קפואה, מופשרת
- כוס גזר חתוך לקוביות (אם משתמשים בקפוא, אז מופשר)
- 3 שיני שום, קצוצות
- 1 אונקיה פרמיג׳יאנה, מגוררת דק

כיוונים

a) בצק טרי על אבן פיצה. מפדרים קליפת פיצה בקמח, מעמידים את הבצק במרכזו וחורצים את הבצק לעיגול פחוס וגדול בקצות האצבעות. הרימו אותו ועצבו אותו על ידי החזקת הקצה שלו, סיבובו לאט ומתיחת בעדינות את הבצק עד שהעיגול בקוטר של כ-14 סנטימטרים. מניחים את הבצק המקומח כלפי מטה על הקליפה.

b) בצק טרי על מגש פיצה. משמנים עם תרסיס טפלון מניחים את הבצק במרכז של אחד מהם. גומלים את הבצק עם קצות האצבעות עד שהוא עיגול פחוס ומעוך - ואז משוך ולחץ עליו עד שהוא יוצר עיגול בגודל 14 אינץ' על המגש או מלבן לא סדיר בגודל 12 × 7 אינץ' על תבנית האפייה. קרום אפוי. מניחים אותו על קליפת פיצה מקומחת אם משתמשים באבן פיצה - או מניחים את הקרום האפוי ממש על מגש פיצה. ממיסים את החמאה במחבת גדולה על אש בינונית. מקציפים פנימה את הקמח וממשיכים להקציף עד לקבלת בז' חלק ובהיר מאוד. מקציפים פנימה את החלב בזרם איטי ויציב ולאחר מכן טורפים פנימה את השמנת. ממשיכים להקציף על האש עד לקבלת תערובת סמיכה, בערך כמו גלידה מומסת דקה למדי. מערבבים פנימה את הגבינה המגוררת, התימין ואגוז המוסקט עד לקבלת תערובת חלקה. מצננים בטמפרטורת החדר למשך 10 דקות.

c) בינתיים, החליקו את הקרום הלא מכוסה מהקליפה אל האבן המחוממת או הניחו את הקרום על המגש שלה בתנור או על החלק הלא מחומם של הגריל. אופים או צולים עם מכסה סגור עד שהקרום רק מתחיל להרגיש יציב בקצוות שלו ורק מתחיל להשחים, בערך 10 דקות. אם אתה משתמש בבצק טרי, תצטרך לפוצץ בועות אוויר שעלולות להתעורר על פני השטח שלו או בקצוות שלו בזמן האפייה. החלק את הקליפה לאחור מתחת לקרום האפוי בחלקו והסר אותו מהתנור או הגריל - או העביר את הקרום על המגש או תבנית האפייה לרשת.

d) מורחים את הרוטב על בסיס חלב סמיך על הקרום, ומשאירים גבול של 1/2 אינץ' בקצה. מעל הרוטב את האפונה והגזר, ואז מפזרים את השום באופן שווה על הפאי. לבסוף מפזרים את הפרמיג'יאנה המגוררת מעל התוספות.

14.פיצה פילי צ'יסטייק

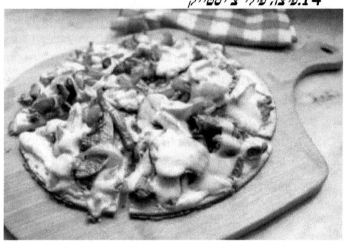

מַרכִּיב

- קמח לכל מטרה לקליפת הפיצה או ספריי טפלון למגש הפיצה
- 1 בצק ביתי,
- 1 כף חמאה ללא מלח
- 1 בצל צהוב קטן, חצוי דרך הגבעול ופרוס דק
- 1 פלפל ירוק קטן, זרע ופרוס דק מאוד
- 2 כפות רוטב ווסטרשייר
- כמה קורות רוטב פלפל אדום חריף
- 6 כפות רוטב פיצה קלאסי
- 8 אונקיות (1/2 פאונד) מוצרלה, מגוררת
- 6 אונקיות מעדנייה רוסטביף, נייר מגולח דק וחתוך לרצועות
- פרובולון של 3 אונקיות, מגורר

כיוונים

a) בצק טרי על אבן פיצה. מפזרים קלות קליפת פיצה בקמח. מוסיפים את הבצק ויוצרים ממנו עיגול גדול על ידי גומה בקצות האצבעות. הרימו אותו בקצהו ועצבו אותו על ידי סיבובו לאט ומתיחה עדינה עד לקוטר של כ-14 אינץ'. מניחים אותו עם הצד המקומח כלפי מטה על הקליפה.

b) בצק טרי על מגש פיצה. משמנים את המגש או תבנית האפייה בתרסיס טפלון. הניחו את הבצק במרכז וגומו אותו בקצות האצבעות עד שיהיה עיגול מעוך - לאחר מכן מושכים ולוחצים את הבצק עד שהוא יוצר עיגול בקוטר של כ-14 ס"מ על המגש או מלבן לא סדיר, כ-12 × 7 אינץ', על הבצק. תבנית אפייה.

c) קרום אפוי. מניחים אותו על קליפת פיצה מקומחת אם משתמשים באבן פיצה - או מניחים את הקרום האפוי על מגש פיצה. ממיסים את החמאה במחבת גדולה על אש בינונית. מוסיפים את הבצל והפלפל לבשל, תוך ערבוב לעתים קרובות, עד לריכוך, כ-5 דקות. מערבבים את רוטב ווסטרשייר ואת רוטב הפלפל האדום החריף (לפי הטעם). ממשיכים לבשל עד שהנוזלים במחבת מצטמצמים לזיגוג, כ-2 דקות נוספות. מצננים בטמפרטורת החדר למשך 5 דקות. השתמשו במרית גומי כדי לפזר את רוטב הפיצה על הקרום המוכן, תוך השארת גבול של 1/2 אינץ' בקצה. מעליהם את המוצרלה המגוררת.

d) מניחים את רצועות הרוסטביף באופן שווה על הפאי, ואז כף ומפזרים את תערובת הירקות על הבקר. למעלה עם פרובולון מגורר.

e) החליקו את הפיצה מהקליפה לאבן החמה או הניחו את הפיצה על המגש או תבנית האפייה שלה בתנור או על החלק של הגריל שלא נמצא ממש מעל מקור החום.

f) אופים או צולים במכסה סגור עד שהקרום מזהיב, שחום אחיד בחלקו התחתון, והגבינה נמסה ואף החלה לקבל חום בהיר מאוד, כ-18 דקות.

g) פעם או פעמיים, בדוק בצק טרי, בין אם תוצרת בית ובין אם קנוי בחנות, כדי לדקור בועות אוויר שעלולות להתעורר על פני השטח שלו, במיוחד בקצה.

15.פיצה פולינזית

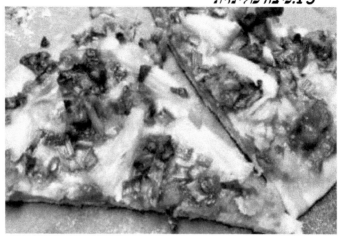

מַרכִּיב

- קמח לכל מטרה לאבק את קליפת הפיצה או ספריי טפלון לשימון מגש הפיצה
- 1 בצק ביתי
- 3 כפות רוטב סויה סמיך מתוק
- מוצרלה של 6 אונקיות, מגוררת
- בייקון קנדי של 3 אונקיות, חתוך לקוביות
- 1 כוס נתחי אננס טרי
- 1/2 כוס בצל ירוק פרוס דק
- כף שומשום

כיוונים

a) בצק טרי על אבן פיצה. מפדרים קליפת פיצה בקמח, מניחים את הבצק במרכזו ויוצרים מהבצק עיגול גדול ומשוטח על ידי גומה בקצות האצבעות. הרם אותו בקצה ומותח אותו על ידי סיבובו עד שהוא בקוטר של כ-14 אינץ'. מניחים את הבצק המעוצב עם צד מקומח כלפי מטה על הקליפה.

b) בצק טרי על מגש פיצה. משמנים את המגש או תבנית האפייה בתרסיס טפלון. הניחו את הבצק במרכזם של אחד מהם וגומו את הבצק בקצות האצבעות - ואז משוך ולחץ עליו עד שהוא יוצר עיגול בגודל 14 אינץ' על המגש או מלבן לא סדיר בגודל 12 × 7 אינץ' על תבנית האפייה.

c) קרום אפוי. מניחים אותו על קליפת פיצה מקומחת אם משתמשים באבן פיצה - או מניחים את הקרום האפוי על מגש פיצה.

d) מורחים את רוטב הסויה באופן שווה על הבצק, ומשאירים גבול של 1/2 אינץ' בקצה. מפזרים את המוצרלה המגוררת באופן שווה על הרוטב.

e) משטחים את הפיצה עם הבייקון הקנדי, נתחי האננס ובצל ירוק פרוס - ואז מפזרים את השומשום באופן שווה על הפאי.

f) החליקו את הקרום מהקליפה לאבן החמה מאוד או הניחו את הפאי על המגש או נייר האפייה בתנור או על הגריל מעל החלק הלא מחומם. אופים או צולים במכסה סגור עד שהגבינה נמסה והקרום זהוב, 16 עד 18 דקות.

g) החליקו את הקליפה בחזרה מתחת לקרום כדי להסיר אותה מהאבן החמה או העבירו את הפאי על המגש או על תבנית האפייה לרשת. מצננים את הפיצה על הקליפה או על רשת האפייה 5 דקות לפני שפורסים. כדי להבטיח שהקרום יישאר פריך, העבירו את הפיצה מהקליפה, המגש או תבנית האפייה היישר אל הרשת לאחר כדקה.

16.סיר פאי פיצה

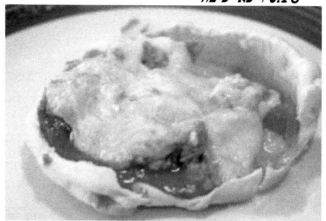

מַרְכִּיב

- קמח תירס צהוב לקליפת הפיצה או ספריי נון-סטיק למגש הפיצה
- 1 בצק ביתי
- 1 כף חמאה ללא מלח
- 11/2 כפות קמח לכל מטרה
- 1 כוס חלב מלא, דל שומן או נטול שומן, בטמפרטורת החדר
- 1 כף חרדל דיז'ון
- 11/2 כפיות עלי טימין גבעולים או 1 כפית טימין מיובש
- 1 כפית עלי מרווה טחונים או 1/2 כפית מרווה מיובשת
- 1 כוס בשר עוף או הודו קצוץ, מעור, מעורפל, מבושל
- 2 כוסות ירקות מעורבים קפואים, מופשרים
- 2 כפיות רוטב ווסטרשייר
- 1/2 כפית מלח
- 1/2 כפית פלפל שחור גרוס טרי
- כמה קורות רוטב פלפל אדום חריף
- 6 אונקיות גאודה, אמנטל, שוויצרית או צ'דר, מגוררת

כיוונים

a) בצק טרי על אבן פיצה. התחל באבק קליפת פיצה בקמח תירס, ולאחר מכן קבע את הבצק במרכזו. גומלים את הבצק בקצות האצבעות לעיגול גדול ומשוטח - ואז הרימו אותו, החזיקו אותו בקצהו וסובו אותו לפניכם, כל הזמן מותחים אותו בעדינות עד לקוטר של כ-14 סנטימטרים. מניחים את הבצק המעוצב עם קמח תירס כלפי מטה על הקליפה.

b) בצק טרי על מגש פיצה. משמנים אחד או אחר עם ספריי נון-סטיק. הניחו את הבצק במרכזם של אחד מהם וגומו את הבצק בעזרת קצות האצבעות - לאחר מכן משוך ולחץ עליו עד שהוא יוצר עיגול בקוטר של כ-14 אינץ' על המגש או מלבן לא סדיר בגודל 12×7 אינץ' על תבנית האפייה.

c) קרום אפוי. הניחו אותו על קליפת פיצה מאובקת קמח תירס אם משתמשים באבן פיצה - או הניחו את הקרום האפוי ממש על מגש פיצה.

d) ממיסים את החמאה בסיר גדול על אש בינונית. מקציפים פנימה את הקמח עד לקבלת תערובת חלקה למדי, ולאחר מכן ממשיכים להקציף על האש עד לבלונדיני בהיר, בערך שניות.

e) טורפים פנימה את החלב בזרם איטי ויציב. ממשיכים להקציף על האש עד להסמכה, בערך כמו גלידה מומסת. טורפים פנימה את החרדל ועשבי התיבול.

f) מסירים את המחבת מהאש ומערבבים פנימה את הבשר והירקות ואז מערבבים את רוטב ווסטרשייר, מלח, פלפל ורוטב פלפל אדום חריף (לפי הטעם).

g) מערבבים פנימה את הגבינה המגוררת עד שהכל אחיד ומצופה ברוטב.

h) מורחים באופן שווה על הקרום, ומשאירים גבול של 1/2 אינץ' בקצה.

i) החליקו את הקרום מהקליפה ואל האבן, או הניחו את הפאי על המגש או תבנית האפייה בתנור או מעל החלק הלא מחומם של הגריל. אופים או צולים במכסה סגור עד שהמילוי מבעבע והקרום הפך לחום זהוב וקצת יציב למגע, כ-18 דקות. בדוק מדי פעם פשטידת בצק טרי כדי לוודא שאין בועות אוויר בקרום.

j) החליקו את הקליפה בחזרה מתחת לקרום כדי להסיר את הפאי מהאבן או העבירו את הפאי על המגש או על תבנית האפייה לרשת. מניחים בצד להתקרר 5 דקות לפני שפורסים. אם רוצים, העבירו את הפאי ישירות לרשת לאחר כדקה כדי לתת לקרום להתקרר מעט מבלי לנוח על משטח חם אחר.

17.פיצה תפוחי אדמה, בצל וצ'אטני

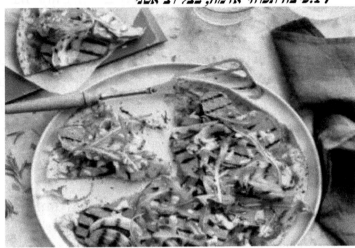

מַרְכִּיב

- קמח לכל מטרה לאבק את קליפת הפיצה או ספריי טפלון לשימון מגש הפיצה
- 1 בצק ביתי
- 12 אונקיות (3/4 פאונד) תפוחי אדמה לבנים רותחים, כגון סנדלרים איריים, קלופים
- 6 כפות צ'אטני מנגו, צ'אטני אוכמניות או אחר על בסיס פרי
- צ'אטני
- 6 אונקיות מונטריי ג'ק, מגורר
- 3 כפות שמיר טחון או 1 כף שמיר מיובש
- 1 בצל מתוק גדול, כמו וידליה

כיוונים

a) בצק טרי על אבן פיצה. מפזרים קלות קליפת פיצה בקמח. מוסיפים את הבצק ויוצרים ממנו עיגול גדול על ידי גומה בקצות האצבעות. הרימו אותו, החזיקו את הקצה שלו, וסובבו אותו באיטיות, תוך למתוח אותו כל הזמן, עד שהוא בקוטר של כ-14 אינץ'. מניחים את הבצק המקומח כלפי מטה על הקליפה.

b) בצק טרי על מגש פיצה. משמנים את המגש או תבנית האפייה בתרסיס טפלון. הניחו את הבצק במרכז אחת הגומות של הבצק בקצות האצבעות עד שיהיה עיגול עבה ומשוטח - ואז משוך ולחץ על הבצק עד שהוא יוצר עיגול בגודל 14 אינץ' על המגש או מלבן לא סדיר בגודל 12 × 7 אינץ' על הבצק. תבנית אפייה.

c) קרום אפוי. מניחים אותו על קליפת פיצה אם משתמשים באבן פיצה - או מניחים את הקרום האפוי על מגש פיצה. בזמן שהתנור או הגריל מתחממים, מביאים לרתיחה מים בגודל 1 אינץ' בסיר גדול עם ספינת אידוי ירקות. מוסיפים את תפוחי האדמה, מכסים, מנמיכים את האש לבינונית ומאדים עד שהם רכים כאשר מחוררים אותם במזלג, כ-10 דקות. מעבירים למסננת המונחת בכיור ומצננים 5 דקות, ואז פורסים לעיגולים דקים מאוד.

d) מורחים את הצ'אטני באופן שווה על הקרום המוכן, ומשאירים בקצה גבול של כ-1/2 אינץ'. למעלה באופן שווה עם מונטריי ג'ק המגורר. מסדרים את פרוסות תפוחי האדמה בצורה אחידה ודקורטיבית מעל הפאי, ואז מפזרים את השמיר. פורסים את הבצל לשניים דרך הגבעול שלו. הנח אותו עם הצד החתוך כלפי מטה על קרש החיתוך שלך והשתמש בסכין חדה מאוד כדי ליצור פרוסות דקות נייר. הפרידו את הפרוסות הללו לרצועות האישיות והניחו אותן על הפאי.

e) החלק את הפשטידה מהקליפה לאבן החמה מאוד, הקפד לשמור את הטופינגים במקומם או הנח את הפשטידה על המגש או תבנית האפייה שלה בתנור או על החלק של הגריל שלא נמצא ישירות מעל האש. מָקוֹר. אופים או צולים עם מכסה סגור עד שהקרום משחים קלות בקצהו, שחום אפילו יותר כהה בצד התחתון, 16 עד 18 דקות. אם עולות בועות אוויר בקצה או באמצע הבצק הטרי, מקפיצים אותן עם מזלג כדי ליצור קרום אחיד.

f) מחליקים את הקליפה בחזרה מתחת לפשטידה החמה על האבן או מעבירים את הפאי על המגש או תבנית האפייה לרשת. מניחים בצד לצינון של 5 דקות לפני שפורסים ומגישים.

18.פיצה פרושוטו וארוגולה

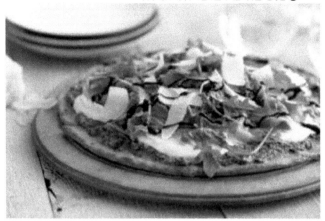

מַרכִּיב

- קמח לכל מטרה לקליפת הפיצה או שמן זית למגש הפיצה
- 1 בצק ביתי
- 1/4 כוס רוטב פיצה קלאסי
- מוצרלה טרייה של 3 אונקיות, פרוסה דק
- 1/2 כוס עלי ארוגולה ארוזים, גבעולים עבים הוסרו פרושוטו של 2 אונקיות,
- כף חומץ בלסמי

כיוונים

a) בצק טרי על אבן פיצה. מפדרים קליפת פיצה בקמח, מעמידים את הבצק במרכזו וחורצים את הבצק לעיגול גדול ומשוטח בקצות האצבעות. הרימו אותו ועצבו אותו בעזרת הידיים, אוחזים בקצה, מסובבים אותו באיטיות ומותחים אותו עד לקוטר של כ-14 אינץ'. מניחים את הבצק המעוצב עם צד מקומח כלפי מטה על הקליפה.

b) בצק טרי על מגש פיצה. משמנים קלות עם מעט שמן זית נטפטף על נייר סופג. הניחו את הבצק על המגש או תבנית האפייה, גמעו את הבצק בקצות האצבעות - ואז מושכים אותו ולוחצים אותו עד שייווצר עיגול בגודל 14 אינץ' על המגש או מלבן די לא סדיר בגודל 12 × 7 אינץ' על תבנית האפייה.

c) מניחים אותו על קליפת פיצה מקומחת אם משתמשים באבן פיצה - או מניחים את הקרום האפוי על מגש פיצה. מורחים את רוטב הפיצה באופן שווה על הקרום, ומשאירים גבול של 1/2 אינץ' בקצה. מסדרים את פרוסות המוצרלה באופן שווה על הפאי, תוך שמירה על הגבול הזה נקי.

d) הניחו את עלי הארוגולה מעל הפאי, ולאחר מכן מעליהם את רצועות הפרושוטו. החליקו את הפיצה מהקליפה לאבן החמה או הניחו את הפאי על המגש או תבנית האפייה שלה עם הפיצה בתנור או על החלק של הגריל שלא נמצא ישירות מעל מקור החום.

e) אופים או צולים במכסה סגור עד שהקרום מזהיב וגם יציב מעט והגבינה נמסה, 14 עד 16 דקות. אם עובדים עם בצק טרי, בדקו אותו במהלך 10 הדקות הראשונות כדי שתוכלו לפוצץ בועות שעלולות להתעורר, במיוחד בקצה. החליקו את הקליפה בחזרה מתחת לפשטידה הלוהטת כדי להוריד אותה מהאבן או העבירו את הפאי על המגש או תבנית האפייה לרשת. מטפטפים את הפאי בחומץ הבלסמי, ולאחר מכן מניחים בצד להתקרר במשך 5 דקות לפני שפורסים

19.פיצה ראובן

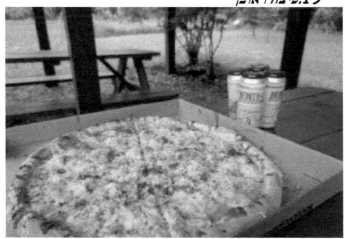

מַרְכִּיב

- או קמח לכל מטרה לקליפה או ספריי טפלון למגש הפיצה או נייר האפייה
- 1 בצק ביתי
- 3 כפות חרדל מעדנייה
- 1 כוס כרוב כבוש סחוט
- 6 אונקיות Swiss, Emmental, Jarlsberg, או Jarlsberg Light, מגורר
- 4 אונקיות מעדניות קורנביף מבושל, חתוך לפרוסות עבות וקצוץ

כיוונים

a) בצק טרי על אבן פיצה. אבק קליפת פיצה בקמח קבע את הבצק במרכזו. יוצרים מהבצק עיגול גדול על ידי גומה בקצות האצבעות.

b) הרימו אותו ועצבו אותו בעזרת הידיים, אוחזים בקצה שלו, הופכים לאט את הבצק ומותחים בעדינות את קצהו עד לקוטר של כ-14 סנטימטרים. מניחים אותו עם הצד המקומח כלפי מטה על הקליפה.

c) בצק טרי על מגש פיצה. משמנים כל אחד מהם עם ספריי נון-סטיק. הניחו את הבצק במרכזם של כל אחד מהם וגומו את הבצק בקצות האצבעות עד שיהיה עיגול עבה ומשוטח - ואז משוך ולחץ על הבצק עד שהוא יוצר עיגול בגודל 14 אינץ' על מגש הפיצה או מלבן לא סדיר בגודל 12 × 7 אינץ'. על תבנית האפייה.

d) קרום אפוי. מניחים אותו על קליפת פיצה אם משתמשים באבן פיצה - או מניחים את הקרום האפוי ממש על מגש פיצה.

e) מורחים את החרדל באופן שווה על הקרום המוכן, ומשאירים גבול של 1/2 אינץ' בקצה. מורחים את הכרוב הכבוש באופן שווה על החרדל.

f) מעל הפשטידה את הגבינה המגוררת, ולאחר מכן את הקורנדביף הקצוץ. מחליקים בזהירות את הפיצה מהקליפה לאבן המחוממת או מניחים את הפאי על המגש או תבנית האפייה שלה בתנור או מעל החלק של הגריל שלא ישירות מעל האש או הגחלים.

g) אופים או צולים במכסה סגור עד שהקרום מתמצק והזהיב ועד שהגבינה נמסה ומשחימה מעט, 16 עד 18 דקות. אם עולות בועות אוויר כלשהן על בצק טרי, במיוחד בקצהו, מקפיצים אותן לקבלת קרום אחיד. החליקו את הקליפה בחזרה מתחת לפיצה, שימו לב לא לעקור את הציפוי, כדי להסיר את הפאי מהאבן החמה או להעביר את הפאי על המגש או על תבנית האפייה לרשת. מניחים בצד לצינון של 5 דקות לפני שפורסים ומגישים.

20.פיצה שורשים צלויה

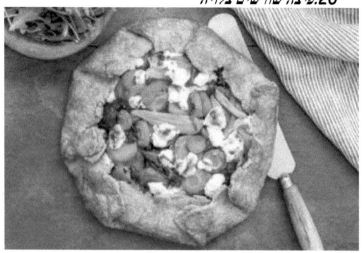

מַרכִּיב

- קמח לכל מטרה לניקוי אבק קליפת הפיצה או שמן זית לשימון מגש הפיצה
- 1 בצק ביתי
- 1/2 ראש שום גדול
- 1/2 בטטות קטנות, קלופות, חצויות לאורכן, ופרוסות דק
- 1/2 פקעת שומר קטנה, חצויה, קצוצה ופרוסה דק
- 1/2 פרסניפל קטן, קלוף, חצוי לאורכם, ופרוס דק
- 1 כף שמן זית
- 1/2 כפית מלח
- 4 אונקיות (1/4 פאונד) מוצרלה, מגוררת
- 1 אונקיה פרמיג׳יאנה, מגוררת דק
- 1 כף חומץ בלסמי סירופ

כיוונים

a) בצק טרי על אבן פיצה. מפזרים קלות קליפת פיצה בקמח. מוסיפים את הבצק ויוצרים ממנו עיגול גדול על ידי גומה בקצות האצבעות. הרימו אותו, החזיקו אותו בקצהו בשתי הידיים, וסובבו אותו באיטיות, תוך למתוח מעט את הקצה בכל פעם, עד שהעיגול בקוטר של כ-14 סנטימטרים. מניחים על הקליפה עם הצד המקומח כלפי מטה.

b) בצק טרי על מגש פיצה. משמנים את המגש או תבנית האפייה בקצת שמן זית נטפטף על מגבת נייר. הניחו את הבצק במרכז אחת הגומות של הבצק בקצות האצבעות - ואז משוך ולחץ עליו עד שהוא יוצר עיגול בגודל 14 אינץ' על המגש או מלבן לא סדיר, בערך 12 × 7 אינץ', על תבנית האפייה.

c) קרום אפוי. מניחים אותו על קליפת פיצה מקומחת אם משתמשים באבן פיצה - או מניחים את הקרום האפוי ממש על מגש פיצה.

d) עוטפים את שיני השום הלא קלופות בחבילת נייר אלומיניום קטנה ואופים או צולים ישירות על האש במשך 40 דקות.

e) בינתיים, זורקים בקערה גדולה את הבטטה, השומר והפרצלון עם שמן הזית והמלח. יוצקים את תכולת הקערה על תבנית אפייה גדולה. מכניסים לתנור או מעל החלק הלא מחומם של הגריל וצולים, הופכים מדי פעם, עד שהם רכים ומתוקים, 15 עד 20 דקות.

f) מעבירים את השום לקרש חיתוך פותחים את החבילה, דואגים לזכור את האדים. מניחים גם את תבנית האפייה עם הירקות בצד על רשת.

g) הגדל את הטמפרטורה של התנור או גריל הגז ל-450 מעלות צלזיוס, או הוסף עוד כמה גחלים לגריל הפחמים כדי להעלות מעט את החום.

h) מורחים את המוצרלה המגוררת על הקרום המוכן, ומשאירים גבול של 1/2 אינץ' בקצה. מעל הגבינה את כל הירקות סוחטים את השום העיסתי והרך מתוך קליפות הנייר שלו אל הפאי. למעלה עם הפרמיג'יאנה המגוררת.

i) החלק את הפיצה מהקליפה אל האבן החמה או הניחו את הפיצה על המגש או תבנית האפייה שלה בתנור או מעל החלק הלא מחומם של הגריל. אופים או צולים במכסה סגור עד שהקרום הפך לחום זהוב ואפילו הכהה מעט בתחתיתו, עד שהגבינה נמסה והתחילה להשחים, 16 עד דקות. בצק טרי עלול לפתח כמה בועות אוויר במהלך 10 הדקות הראשונות; במיוחד בקצה שלו, התקפי אותם עם מזלג כדי להבטיח קרום אחיד.

j) החלק את הקליפה לאחור מתחת לקרום כדי להוריד אותה מהאבן החמה או להעביר את הפיצה על המגש או תבנית האפייה שלה לרשת. מניחים בצד למשך 5 דקות. כדי לשמור על הקרום פריך, אולי כדאי להעביר את הפאי מהקליפה, המגש או מדף הקמח ישירות אל הרשת להתקרר לאחר דקה בערך. לאחר שהתקרר מעט, מטפטפים את הפאי בחומץ הבלסמי, ואז פורסים לפרוסות להגשה.

21.נקניק ופיצה תפוחים

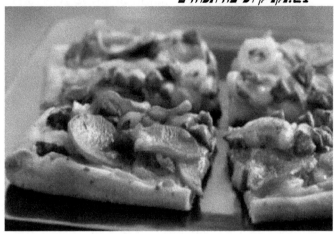

מַרכִּיב

- קמח תירס צהוב לאבק את קליפת הפיצה או ספריי טפלון לשימון מגש הפיצה
- 1 בצק ביתי,
- 1 כף שמן זית
- אונקיות (1/2 פאונד) נקניקיית עוף או הודו
- 1 כף חרדל טחון גס
- 6 אונקיות פונטינה, מגורר
- 1 תפוח ירוק קטן, רצוי תפוח חריף
- 2 כפות עלי רוזמרין קצוצים
- 2/11 אונקיות פרמיג'יאנה, פקורינו או גרנה פדאנו, מגורדת דק

כיוונים

a) בצק טרי על אבן פיצה. אבק קלות קליפת פיצה בקמח תירס. מוסיפים את הבצק ויוצרים ממנו עיגול גדול על ידי גומה בקצות האצבעות. הרימו אותו ועצבו אותו על ידי החזקת הקצה שלו בשתי הידיים, סיבובו באיטיות, ומתיחה בעדינות כל הזמן, עד שהעיגול בקוטר של כ-14 סנטימטרים. מניחים את הבצק עם קמח התירס כלפי מטה על הקליפה.

b) בצק טרי על מגש פיצה. משמנים אחד או אחר עם ספריי נון-סטיק. הניחו את הבצק במרכז אחת הגומות של הבצק בקצות האצבעות עד לקבלת עיגול עבה ושטוח. לאחר מכן משוך ולחץ עליו עד שהוא יוצר עיגול בגודל 14 אינץ' על המגש או מלבן לא סדיר בגודל 12 × 7 אינץ' על תבנית האפייה.

c) קרום אפוי. מניחים אותו על קליפת פיצה מאובקת קמח תירס אם משתמשים באבן פיצה - או מניחים את הקרום האפוי על מגש פיצה. מחממים מחבת גדולה על אש בינונית. מערבבים פנימה את שמן הזית, ואז מוסיפים את הנקניק. מבשלים, הופכים מדי פעם, עד שהם משחימים היטב מכל הצדדים ומבושלים. מעבירים לקרש חיתוך ופורסים לעיגולים דקים. מורחים את החרדל באופן שווה על הקרום המוכן, ומשאירים גבול של 1/2 אינץ' בקצה. למעלה עם פונטינה מגוררת, ואז להניח את הנקניק הפרוס באופן שווה על הפאי. מכניסים את פרוסות התפוחים בין עיגולי הנקניק, ואז מפזרים את אחד מעשבי התיבול הקצוצים ואת הגבינה המגוררת.

d) החליקו את הפיצה מהקליפה לאבן החמה מאוד אם השתמשתם במגש פיצה או בנייר אפייה, הניחו אותה עם הפאי בתנור או מעל החלק הלא מחומם של הגריל. אופים או צולים עם מכסה סגור עד שהגבינה נמסה ומבעבעת והקרום החל להזהיב בקצוות, אפילו חום כהה יותר בצד התחתון, 16 עד 18 דקות. אם עובדים עם בצק טרי, פוצצו בועות אוויר שמתעוררות בקצהו במהלך 10 הדקות הראשונות של האפייה או הצלייה.

e) החלק את הקליפה לאחור מתחת לפשטידה כדי להוריד אותה מהאבן או העבירי את הפאי על המגש או תבנית האפייה שלה לרשת.

22.פיצה שיטאקי

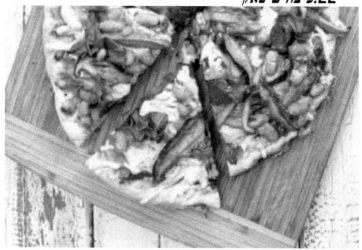

מַרְכִּיב

- קמח לכל מטרה לקליפת הפיצה או ספריי טפלון למגש הפיצה
- 1 בצק ביתי,
- 8 אונקיות (1/2 פאונד) טופו משי רך
- כובעי פטריות שיטאקי של 6 אונקיות, גבעולים הוסרו והושלכו, כובעים פרוסים דק
- 3 בצל ירוק בינוני, פרוס דק
- 2 כפיות משחת צ'ילי אדום אסייתי
- 2 כפיות ג'ינג'ר טרי טחון קלוף
- 1 כפית רוטב סויה רגיל או מופחת נתרן
- 1 כפית שמן שומשום קלוי

כיוונים

a) בצק טרי על אבן פיצה. מפזרים קלות קליפת פיצה בקמח. מניחים את הבצק במרכזו ויוצרים מהבצק עיגול עבה ושטוח על ידי גומה בקצות האצבעות. הרימו אותו, החזיקו אותו בקצהו בשתי הידיים, וסובבו אותו, מותחים אותו באיטיות בקצה, עד שהעיגול בקוטר של כ-14 אינץ'. מניחים אותו עם הצד המקומח כלפי מטה על הקליפה.

b) בצק טרי על מגש פיצה. משמנים את המגש או תבנית האפייה בתרסיס טפלון. הניחו את הבצק על אחת מהגומות של הבצק בקצות האצבעות - ואז משוך ולחץ עליו עד שהוא יוצר עיגול בגודל 14 אינץ' על המגש או מלבן לא סדיר בגודל 12 × 7 אינץ' על תבנית האפייה.

c) קרום אפוי. מניחים אותו על קליפת פיצה אם משתמשים באבן פיצה - או מניחים את הקרום האפוי ממש על מגש פיצה.

d) מעבדים את הטופו במעבד מזון מצויד בלהב הקיצוץ עד לקבלת מרקם חלק וקרמי. מורחים על הקרום המוכן, וודא שאתה משאיר גבול של 1/2 אינץ' בקצהו.

e) מעל הטופו את כובעי הפטריות הפרוסות והבצל ירוק. מפזרים את משחת הצ'ילי, הג'ינג'ר, רוטב הסויה ושמן השומשום באופן שווה על התוספות. החלק את הפשטידה מהקליפה אל האבן החמה או הניחו את הפשטידה על המגש או תבנית האפייה שלה בתנור או מעל החלק הלא מחומם של משטח הגריל.

f) אופים או צולים במכסה סגור עד שהקרום זהוב ומעט יציב למגע, 16 עד 18 דקות. בדוק את הבצק הטרי כמה פעמים כדי לוודא שאין בועות אוויר, במיוחד בקצה שלו, אם כן, מקפיץ אותן עם מזלג כדי להבטיח קרום אחיד. בסיום, החליקו את הקליפה בחזרה מתחת לפשטידה כדי להוריד אותה מהאבן החמה או העבירו את הפשטידה על המגש או על תבנית האפייה לרשת. מניחים בצד לצינון של 5 דקות לפני שפורסים ומגישים.

23.פיצה תרד וריקוטה

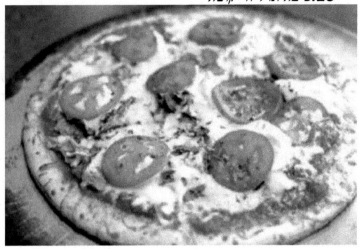

מַרְכִּיב

- או קמח לכל מטרה לאבק את קליפת הפיצה
- 1 בצק ביתי
- 2 כפות שמן קנולה
- 3 שיני שום, קצוצות
- עלי תרד של 6 אונקיות
- 1/4 כפית אגוז מוסקט מגורר או טחון
- 1/4 כפית פתיתי פלפל אדום
- 1/2 כוס יין לבן יבש או ורמוט יבש
- 1/4 כוס ריקוטה רגילה, דלת שומן או נטולת שומן
- 2/11 אונקיות פרמיגיאנה, מגוררת דק
- 1/2 כפית מלח
- 1/2 כפית פלפל שחור גרוס טרי

כיוונים

a) בצק טרי על אבן פיצה. מפזרים קלות קליפת פיצה בקמח. מוסיפים את
הבצק ויוצרים ממנו עיגול גדול על ידי גומה בקצות האצבעות. הרימו אותו
ועצבו אותו בעזרת הידיים, אוחזים בקצה שלו, הופכים לאט את הבצק
ומותחים את הקצה שלו עד לקוטר של כ-14 סנטימטרים. מניחים את הבצק
המקומח כלפי מטה על הקליפה.

b) בצק טרי על מגש פיצה. משמנים את המגש או תבנית האפייה בתרסיס
טפלון. הניחו את הבצק על אחת מהגומות של הבצק עם קצות האצבעות
עד שיהיה עיגול עבה ושטוח - ואז משוך ולחץ עליו עד שהוא יוצר עיגול
בגודל 14 אינץ' על המגש או מלבן לא סדיר בגודל 12 × 7 אינץ' על תבנית
האפייה.

c) קרום אפוי. מניחים אותו על קליפת פיצה אם משתמשים באבן פיצה - או
מניחים את הקרום האפוי ממש על מגש פיצה. מחממים מחבת גדולה על
אש בינונית. מערבבים פנימה את השמן, ואז מוסיפים את השום ומבשלים
במשך 30 שניות. מערבבים פנימה את פתיתי התרד, אגוז המוסקט
והפלפל האדום רק עד שהעלים מתחילים לנבול ואז יוצקים פנימה את היין.
מבשלים תוך כדי ערבוב מתמיד עד שהתרד נבול היטב והמחבת כמעט
יבשה. מסירים את המחבת מהאש ומערבבים פנימה את הריקוטה,
הפרמיג'יאנה המגוררת, המלח והפלפל עד לקבלת תערובת חלקה למדי.

d) מורחים את תערובת התרד על הקרום המוכן, ומשאירים גבול של 1/2 אינץ'
בקצה. החלק את הפיצה מהקליפה לאבן החמה או מניחים את הפיצה על
המגש או תבנית האפייה שלה בתנור או מעל החלק הלא מחומם של רשת
הגריל.

e) אופים או צולים במכסה סגור עד שהמלית מתייצבת ומשחימה קלות, עד
שהקרום יציב מעט, 16 עד 18 דקות. החלק את הקליפה בחזרה מתחת
לפיצה כדי להסיר אותה מהאבן הלוהטת או העבירי את הפאי על המגש או
תבנית האפייה שלה לרשת. מניחים בצד לצינון של 5 דקות לפני שפורסים
ומגישים. כדי להבטיח קרום פריך, העבירו את הפאי מהקליפה, המגש או
תבנית האפייה ישירות לרשת לאחר מספר דקות.

24.פיצה סלט ארוגולה

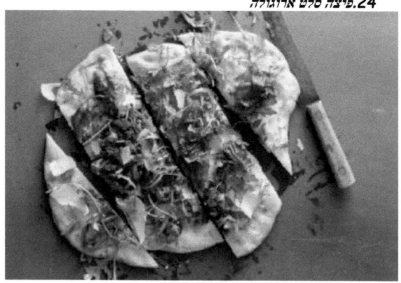

מַרְכִּיב

- אחד 16 אונקיות. אריזה בצק פיצה מלא בקירור, או בצק פיצה מלא
- קמח תירס
- 3/1 כוס רוטב מרינרה
- 1½ כפיות אורגנו מיובש
- 1 כוס גבינה מגוררת על בסיס צמחי
- 2 כוסות מעורבות אורוגולה טריה ובייבי תרד
- 1½ כוסות עגבניות שרי טריות (צהובות), חצויות
- ½ פלפל אדום בינוני, חתוך לקוביות
- 1 אבוקדו בינוני בשל, פרוס ¼ כוס פיסטוקים קלויים
- 1 כף חומץ בלסמי

כיוונים

a) מחממים את התנור ל-350 מעלות צלזיוס. מרדדים את בצק הפיצה כך שיתאים לתבנית פיצה בגודל 14 אינץ' או אבן פיצה. מפזרים על התבנית או האבן קמח תירס ומעליה שמים בצק. מורחים את רוטב המרינרה על הבצק ומפזרים מעליו את האורגנו והגבינה הצמחית. מכניסים את התבנית או האבן לתנור ואופים במשך 30 עד 35 דקות, עד שהקרום זהוב ויציב למגע.

b) בדקה האחרונה לפני ההגשה, מוציאים את הקרום מהתנור ומעליהם את הארוגולה והבייבי תרד, העגבניות, הפלפל, האבוקדו והפיסטוקים. הירוקים ייבלו במהירות. מטפטפים את החומץ ושמן הזית. מגישים מיד.

מַרכִּיב

- 2 כוסות תערובת אפייה בחלב
- 2/1 כוס מים חמים
- 1 קופסת (8 אונקיות) רוטב עגבניות
- 4/1 כוס בצל ירוק קצוץ
- 2/1 כוס גבינת מוצרלה מגוררת
- 2/1 כוס פטריות פרוסות
- 3/1 כוס זיתים בשלים פרוסים
- 1 עגבנייה קטנה, פרוסה
- 2 כפות שמן זית
- 1 אבוקדו, זרעים, קלופים ופרוסים עלי בזיליקום טריים, לא חובה

כיוונים

a) מחממים תנור ל-425F. מערבבים יחד את תערובת החמאה והמים עם מזלג בקערה קטנה. טפחו או גלגלו לעיגול בגודל 12 אינץ' על נייר אפייה או תבנית פיצה לא משומנת.

b) מערבבים יחד רוטב עגבניות ובצל ירוק שנמרח על בצק הפיצה. מעל גבינה, פטריות, זיתים ופרוסות עגבנייה. מזלפים שמן זית מעל.

c) אופים 15 עד 20 דקות או עד שקצה הקרום מזהיב. מוציאים את הפיצה מהתנור ומסדרים מעל פרוסות אבוקדו. מקשטים בעלי בזיליקום ומגישים.

26.עוף בר בי קיו פיצה

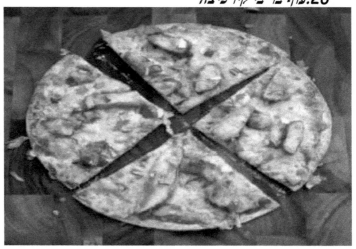

מַרְכִּיב

- 3 חצאי חזה עוף ללא עצמות, מבושלים וחתוכים לקוביות
- 1 כוס רוטב ברביקיו בטעם היקורי
- 1 כף דבש
- 1 כפית מולסה
- 3/1 כוס סוכר חום
- 2/1 צרור כוסברה טרייה, קצוצה
- 1 (12 אינץ') קרום פיצה אפוי מראש
- 1 כוס גבינת גאודה מעושנת, מגוררת
- 1 כוס בצל אדום פרוס דק

כיוונים

a) מחממים תנור ל-425F. בסיר על אש בינונית גבוהה מערבבים עוף, רוטב ברביקיו, דבש, מולסה, סוכר חום וכוסברה. להביא לרתיחה.

b) מורחים את תערובת העוף באופן שווה על גבי קרום הפיצה ומעליהם גבינה ובצל.

c) אופים במשך 15 עד 20 דקות, או עד שהגבינה נמסה.

BBQ.27 תות פיצה

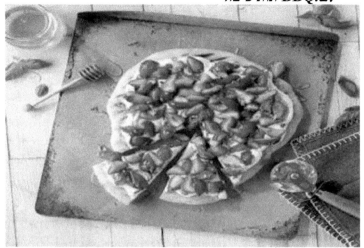

מַרְכִּיב

- 1 בצק פיצה (מוכן מראש מהמכולת חוסך זמן רב)
- 250 גרם (1 כוס) גבינת בורסין (עשבי תיבול עדינים ושום)
- 2 כפות זיגוג בלסמי
- 2 כוסות תותים פרוסים
- 3/1 כוס בזיליקום קצוץ
- פלפל לפי הטעם
- 1 כף שמן זית לזילוף
- פרמזן מגולח לקישוט

כיוונים

a) מבשלים קרום פיצה על מנגל (חום גבוה) או בתנור.

b) מסירים מהאש ומורחים בגבינת שמנת עשבי תיבול.

c) מפזרים בזיליקום ותותים. מזלפים שמן זית וזיגוג בלסמי ומקשטים בפלפל (לפי הטעם) ופרמזן מגולח

28. ברוקולי דיפ דיש פיצה

מַרְכִּיב

- 1חבילת שמרים יבשים
- 1 3/1 ג' מים חמימים
- 1 ט סוכר
- 3 2/1 ג' קמח לא מולבן
- 1 ג' קמח עוגה
- 1 2/1 ט מלח
- 1 c פלוס 2 T שמן זית
- 3 ט שום טחון
- (1) רוטב עגבניות מפחית 15 אונקיות
- (1) פחית רסק עגבניות של 12 אונקיות
- 2 ט אורגנו
- 2 ט' בזיליקום
- 2 ג פטריות פרוסות מלח ופלפל
- 1 ק"ג נקניק איטלקי (חם או מתוק)
- 2/1 ט זרעי שומר מרוסקים
- 2 ט חמאה
- 8 ג' ברוקולי מולבן, קצוץ גס
- 1 T קיצור
- 3 2/1 ג גבינת מוצרלה מגוררת
- 2/1 ג גבינת פרמזן מגוררת

כיוונים

a) ממיסים שמרים במים חמימים ומערבבים פנימה סוכר. מערבבים קמחים ומלח, ומוסיפים בהדרגה את השמרים המומסים ו-4/1 כוס השמן. ללוש עד שהמרקם חלק. מכניסים לקערה גדולה, מכסים בניילון נצמד ומניחים לתפיחה עד לשלישה בתפזורת (2-3 שעות).

b) בינתיים מכינים את המילויים. מחממים 4/1 כוס שמן במחבת, מוסיפים 2 ט' שום ומבשלים במשך 30 שניות (ללא השחמה.) מערבבים פנימה את רוטב העגבניות ומרסק, מבשלים עד להסמכה. מערבבים פנימה בזיליקום ואורגנו, מניחים בצד להתקרר.

c) ראש 2 ט' מהשמן ומקפיצים את הפטריות עד להשחמה קלה והנוזל מתאדה. מתבלים לפי הטעם, ומניחים בצד לצינון.

d) מוציאים וזורקים את התרמילים מהנקניק, מפוררים ומוסיפים את הנקניק למחבת יחד עם שומר. מבשלים היטב, מוציאים ומצננים. מחממים את החמאה ו-2 ט' מהשמן ב-1 ט' שום ומערבבים במשך 30 שניות. מערבבים פנימה את הברוקולי עד שהוא מצופה היטב וכל הנוזל מתאדה. מתבלים לפי הטעם מניחים בצד.

e) כשהבצק תפח, מחוררים. חותכים כ-5/2 ממנו ומניחים בצד. משמנים תבנית פיצה בגודל 14 על 1 2/1 אינץ' עם הקצרה. על קרש מקומח מרדדים 5/3 מהבצק לעיגול בגודל 20 אינץ'. מתאימים לתבנית, נותנים לעודפי הבצק לתלות על הצד. מברישים את הבצק ב-1 ט' מהשמן ומפזרים מלח. מפזרים 1 ג' מהמוצרלה על הבצק.

f) מורחים את רוטב העגבניות על גבי הגבינה, מפזרים את הפטריות על העגבניות ומכסים ב-1 ג' מוצרלה.

g) מרדדים את יתרת הבצק לעיגול בגודל 14" בקירוב. מברישים את דפנות הבצק בתוך התבנית במים. מכניסים את העגול 14" לתבנית.

h) לוחצים קצוות (משוך במידת הצורך) כנגד הבצק הלח כדי לאטום אותו. חותכים את הבצק התלוי עד 2/1 אינץ' והרטיבו אותו שוב.

i) קפלו פנימה וקופצו ליצירת שפה מוגבהת סביב קצה התבנית. חותכים פתח אדים בשכבה העליונה של הבצק, ומברישים ב-1 T מהשמן. מורחים את הנקניק על הבצק ומכסים בברוקולי.

j) מאחדים את שאר הגבינות ומפזרים על פני מטפטף הברוקולי 4/1 ג' שמן.

k) אופים בתנור שחומם מראש ל-425 מעלות במשך 30-40 דקות. קופא היטב.

29.פשטידות פיצה עוף באפלו

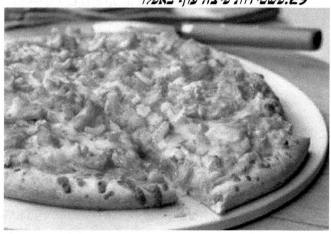

מַרכִּיב

- חבילה אחת של 12 אונקיות מחיטה מלאה מאפינס אנגלי (6 מאפינס)
- 1 פלפל כתום בינוני, חתוך לקוביות של ¼ אינץ' (בערך ¼ כוסות)
- 1 כף שמן קנולה
- 12 אונקיות חצאי חזה עוף ללא עצמות, חתוכים לקוביות של חצי אינץ'
- חצי כוס רוטב פסטה
- 1 כף רוטב באפלו
- 1 כף רוטב גבינה כחולה
- 1 עד 1 ½ כוסות גבינת מוצרלה מגוררת חלקית

כיוונים

(a) מחממים את התנור ל-400 מעלות צלזיוס. פורסים את המאפינס האנגליש לשניים ומניחים על תבנית עם נייר אפייה. צולים בתנור כ-5 דקות. מוציאים ומניחים בצד. מחממים את השמן במחבת טפלון גדולה על אש בינונית-גבוהה. מוסיפים את הפלפל ומבשלים תוך ערבוב תכוף עד לריכוך, כ-5 דקות.

(b) מוסיפים את העוף ומבשלים עד שהוא לא ורוד יותר, 3 עד 5 דקות. מערבבים את רוטב הפסטה, רוטב באפלו ורוטב הגבינה הכחולה ומערבבים היטב.

(c) להרכבת הפיצות, מעל כל חצי מאפין בצורה שווה בתערובת העוף. מפזרים את הגבינה באופן שווה על החלק העליון של כל אחד. אופים עד שהגבינה נמסה, כ-5 דקות.

30.פיצה קליפורניה

מַרְכִּיב

- 1 כוס שמן זית
- 2 כוסות עלי בזיליקום טריים
- 2 שיני שום, קצוצות
- 3 כפות צנוברים
- 2/1 כוס גבינת פרמזן טריה מגוררת
- 1 בצל, פרוס דק
- 1 פלפל אדום מתוק, זרעים וחתוך לרצועות
- 1 פלפל ירוק, זרעו וחתוך לרצועות
- 2 כפות שמן זית
- 1 כף מים
- 2/1 קילו נקניקיית שום ושומר או נקניק איטלקי מתוק 3 אונקיות גבינת עיזים
- 10 אונקיות גבינת מוצרלה, מגוררת גס
- 2 כפות גבינת פרמזן טרייה מגוררת
- 2 כפות קמח תירס

הוראות הגעה:

a) מכינים בצק ממיסים שמרים במים ומניחים בצד. מערבבים בקערה קמח, מלח וסוכר. יוצרים "באר" במרכז, יוצקים תמיסת שמרים ושמן זית. מערבבים פנימה את הקמח בעזרת מזלג.

b) כשהבצק הופך נוקשה, שלבו את יתרת הקמח ביד. אוספים לכדור ולשים שמונה עד עשר דקות על קרש מקומח. מניחים בקערה מצופה שמן, מכסים במטלית לחה ומתפיחים במקום חמים ללא גירויות עד להכפלת הנפח, כשעתיים.

c) מכינים רוטב פסטו בעזרת בלנדר או מעבד מזון. מערבבים הכל מלבד הגבינה. מעבדים אך לא יוצרים פירה. מערבבים פנימה גבינה. הגדר צד. מטגנים בצל ופלפלים בכף אחת שמן זית ומים במחבת גדולה על אש בינונית. מערבבים לעתים קרובות עד שהפלפלים רכים. מסננים ומניחים בצד. נקניק חום, נשבר לחתיכות תוך כדי בישול. מסננים את עודפי השומן. קוצצים גס ומניחים בצד.

d) מחממים תנור ל-400 מעלות. מורחים את שארית שמן הזית באופן שווה על תבנית פיצה בגודל 12 אינץ'. מפזרים קמח תירס. מחוררים בצק פיצה, משטחים קלות בעזרת מערוך, הופכים ומשטחים באצבעות. מניחים את הבצק בתבנית ומורחים לקצוות בקצות האצבעות. אופים חמש דקות. מורחים רוטב פסטו על הבצק. מפוררים גבינת עיזים בצורה אחידה מעל פסטו. מוסיפים בצל ופלפל, נקניק וגבינות. אופים 10 דקות או עד שהקרום שחום מעט והגבינה מבעבעת.

31.פיצה בצל מקורמל

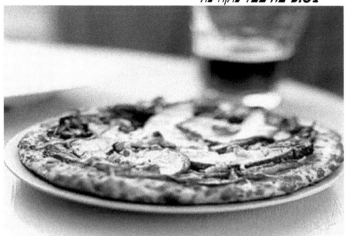

מַרְכִּיב

- 4/1 כוס שמן זית לטיגון בצל
- 6 כוסות בצל פרוס דק (בערך 3 פאונד)
- 6 שיני שום
- 3 כפות. טימין טרי או 1 כף. תימין יבש
- 1 עלה דפנה
- מלח ופלפל
- 2 כפות. שמן לטפטוף על גבי פיצה (לא חובה)
- 1 כף. צלפים סחוטים
- 2/1-1 כף. צנוברים

הוראות הגעה:

a) מחממים 4/1 כוס שמן זית ומוסיפים את הבצל, השום, הטימין ועלה הדפנה. מבשלים תוך כדי ערבוב מדי פעם עד שרוב הלחות מתאדה ותערובת הבצל רכה מאוד, כמעט חלקה ומקורמלת, כ-45 דקות. זורקים את עלה הדפנה ומתבלים במלח ופלפל.

b) מכסים את הבצק בתערובת הבצל, מפזרים צלפים וצנוברים ומטפטפים את שארית שמן הזית אם משתמשים בו.

c) אופים בתנור שחומם מראש ל-500 מעלות במשך 10 דקות או עד להזהבה. זמן האפייה ישתנה בהתאם אם אופים על אבן, מסך או בתבנית.

d) ודא שהתנור שלך מחומם היטב לפני הכנסת פיצה.

32.גבינה קלצונה

מַרכִּיב

- 1lb. גבינת ריקוטה
- 1 כוס מוצרלה מגוררת
- קורט פלפל שחור
- בצק פיצה בסגנון NY
- מחממים תנור ל-500F.

הוראות הגעה:

a) קח 6 אונקיות. כדור בצק ומניחים על משטח מקומח. מורחים, בקצות האצבעות, לעיגול בגודל 6 אינץ'. מניחים 3/2 כוס גבינה

b) מערבבים בצד אחד ומקפלים על הצד השני. אוטמים בקצות האצבעות ומוודאים שאין תערובת גבינה בתוך החותם. צבוט את הקצה כדי להבטיח אטימה הדוקה. טפחו את הקלצונה למילוי אחיד בפנים. בדוק שוב את האיטום לאיתור נזילות. חזור עם האחרים.

c) מניחים קלצונה על נייר אפייה משומן קלות. חותכים חריץ של 1 אינץ' בחלק העליון של כל אחד לאוורור בזמן האפייה. מכניסים למרכז התנור ואופים 12-10 דקות או עד להזהבה. מגישים עם רוטב העגבניות האהוב עליכם, מחומם, מלמעלה או בצד לטבילה.

33.פיצה שקד דובדבן

מַרכִּיב

- בצק
- 2 חלבוני ביצה
- 125 גרם (4 oz - 3/4 כוס) שקדים טחונים
- 90 גרם (3 oz - 1/2 כוס) סוכר דק כמה טיפות תמצית שקדים
- צנצנת 750 גרם (1 2/1 פאונד) דובדבני מורלו במיץ
- 60 גרם (2 oz - 1/2 כוס) שקדים מתקלפים
- 3 כפות Morel0o ריבת דובדבנים אבקת סוכר לניקוי אבק
- קצפת, לקישוט

ביוונים

a) מחממים תנור ל-(220C (425F. Gas 7

b) בקערה טורפים קלות חלבונים. מערבבים פנימה שקדים טחונים, סוכר דק ותמצית שקדים. מפזרים את התערובת באופן שווה על בסיס הפיצה.

c) מסננים דובדבנים, שומרים מיץ. כפית על פיצה, לשמור כמה לקישוט. מפזרים שקדים קצוצים ואופים בתנור במשך 20 דקות עד שהבצק פריך וזהוב.

d) בינתיים, בסיר, מחממים מיץ וריבה שמור עד לקבלת סירופ. אבק פיצה מבושלת באבקת סוכר ומקשטים בקצפת ודובדבנים שמורים.

34.פיצה בסגנון שיקגו

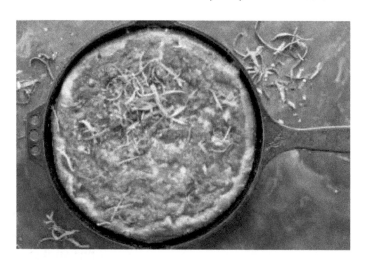

מַרכִּיב

- 1 כוס רוטב פיצה
- 12 אונקיות. גבינת מוצרלה מגוררת
- 2/1 ק"ג בשר בקר טחון, מפורר, מבושל
- 4/1 ק"ג נקניק איטלקי, מפורר, מבושל
- 4/1 ק"ג נקניק חזיר, מפורר, מבושל
- 2/1 כוס פפרוני, חתוך לקוביות
- 2/1 כוס בייקון קנדי חתוך לקוביות
- 2/1 כוס חזיר, חתוך לקוביות
- 4/1 ק"ג פטריות, פרוסות
- 1 בצל קטן, פרוס
- 1 פלפל ירוק, זרעים, פרוס
- 2 אונקיות. גבינת פרמזן מגוררת

כיוונים

a) לבצק, מפזרים שמרים וסוכר למים חמים בקערה קטנה ומניחים לעמוד עד לקבלת קצף, כ-5 דקות.

b) מערבבים קמח, קמח תירס, שמן ומלח בקערה גדולה יוצרים גומה במרכז ומוסיפים את תערובת השמרים. מערבבים ליצירת בצק רך, מוסיפים עוד קמח במידת הצורך. הופכים על קרש מקומח ולשים עד שהבצק גמיש ואלסטי, 7 עד 10 דקות. מעבירים לקערה גדולה, מכסים ומתפיחים במקום חמים עד להכפלת הבצק, כשעה. אגרוף למטה.

c) מרדדים את הבצק לעיגול בגודל 13 אינץ'. מעבירים לתבנית פיצה משומנת בגודל 12 אינץ', מקפלים את העודפים ליצירת שפה קטנה. מורחים ברוטב פיצה מפזרים הכל מלבד חופן גבינת המוצרלה. מפזרים בשר וירקות. משטחים עם שארית מוצרלה וגבינת פרמזן. מניחים לתפיחה במקום חמים כ-25 דקות.

d) מחממים תנור ל-475 מעלות. אופים פיצה עד שהקרום מזהיב, כ-25 דקות. מניחים לעמוד 5 דקות לפני החיתוך.

35. *דיפ-דיש פיצה*

מַרְכִּיב

- ספריי בישול נון-סטיק, לריסוס התוספת לבישול איטי
- 8 אונקיות בצק פיצה מוכן (אם מקרר, תן לו לתפוח בקערה משומנת עבור
- שעתיים)
- 8 אונקיות גבינת מוצרלה פרוסה (לא מגוררת).
- 8 אונקיות פפרוני פרוס דק, רצוי בגודל כריך
- 2/1 כוס רוטב פיצה קנוי בחנות
- 1 כף פרמזן מגוררת
- 6 עלי בזיליקום טריים חתוכים לשיפונדה
- קורט פלפל אדום כתוש

כיוונים

a) מחממים מראש את התנור האיטי על גבוה במשך 20 דקות. רססו את התוספת בתרסיס בישול נון-סטיק.

b) על משטח נקי, מותחים, מרדדים ויוצרים את הבצק בערך באותה צורה כמו הכנס לבישול איטי. המטרה היא קרום יפה ודק. מניחים בסיר ומורחים במידת הצורך. מבשלים על גבוה, ללא כיסוי, במשך שעה ללא תוספות.

c) רעפים את פרוסות המוצרלה מעל הבצק ומעלה את הדפנות ב-1 סנטימטר מעל הקרום. חופפים כל פרוסה, נעים במעגל עם כיוון השעון עד לכיסוי ההיקף. מניחים עוד פרוסה אחת כדי לכסות את המקום הריק באמצע, במידת הצורך. טוחנים שכבה של פפרוני באותו אופן שעשיתם את הגבינה.

d) לאחר מכן עם שכבה קטנה של רוטב הפיצה.

e) מפזרים את הפרמזן.

f) מבשלים על גבוה עד שהקרום הגבנתי כהה ומקורמל והתחתית יציבה ושחומה, עוד שעה. מוציאים בזהירות מהסיר האיטי בעזרת מרית.

g) מקשטים בבזיליקום ופלפל אדום כתוש.

36.פיצה הולנדית בתנור

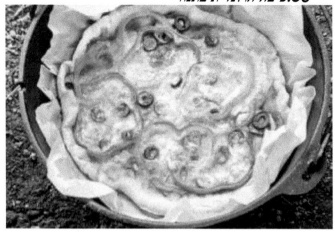

מַרכִּיב

- 2 יח'. לחמניות סהר
- 1 צנצנת רוטב פיצה
- 1 2/1 ק"ג בשר בקר טחון
- 8 גרם גבינת צ'דר מגוררת
- 8 גרם גבינת מוצרלה מגוררת
- 4 גרם פפרוני
- 2 כפיות אורגנו
- 1 כפיות אבקת שום
- 1 כפית אבקת בצל

כיוונים

a) בשר טחון חום, מסננים. לרפד תנור הולנדי ב-1 יח'. לחמניות סהר. מורחים רוטב פיצה על הבצק.

b) מוסיפים בשר בקר טחון, פפרוני ומפזרים מעל אורגנו, אבקת שום ואבקת בצל. מוסיפים גבינות ומשתמשים במארז שני. גלילי סהר ליצירת קרום עליון.

c) אופים 30 דקות ב-350 מעלות. אחר כגון פלפל ירוק קצוץ, קצוץ

37.סלט ביצים קונוסים של פיצה

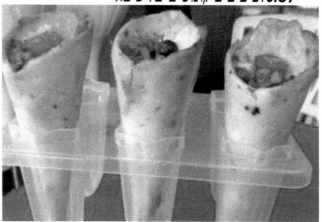

מַרְכִּיב

- 4/1 כוס רוטב סלט איטלקי מופחת שומן בבקבוק
- 2/1 כפית תיבול איטלקי, כתוש
- 6 ביצים קשות, קצוצות
- 4/1 כוס בצל ירוק פרוס עם צמרות
- 4/1 כוס פפרוני טחון
- 6 גביעי גלידה רגילים
- פטריות קצוצות, פלפל ירוק, זיתים שחורים לפי הרצון
- 4/3 כוס רוטב פיצה
- 2 כפות גבינת פרמזן מגוררת

כיוונים

a) בקערה בינונית מערבבים יחד את הרוטב והתיבול. מערבבים פנימה ביצים, בצל ופפרוני. מכסים ומקררים עד להגשה.

b) להגשה, גורפים כ-3/1 כוס מהתערובת לכל קונוס. מעל כ-2 כפות רוטב פיצה ופטריות, פלפלים וזיתים לפי הצורך. מפזרים על כל אחד כ-1 כפית גבינה.

38.פיצה תאנים, טלג'יו ורדיקיו

מַרכִּיב

- 3 תאני מיסיון מיובשות
- ½ כוס יין אדום יבש
- 2 כפות חתיכות אגוז גולמיות'
- קמח לכל מטרה
- 1 (6 אונקיות) כדור בצק פיצה ללא לישה
- 2 כפות שמן זית כתית מעולה
- ½ רדיקיו ראש קטן, מגורר (בערך ¼ כוס)
- 2 אונקיות. Taleggio או גבינה חריפה אחרת, חתוכה לחתיכות קטנות

ביוונים

a) מחממים את הפטם עם סט המתלה במרחק של 5 אינץ' מהאלמנט או מהלהבה. אם אתה משתמש במחבת ברזל יצוק או במחבת פסים לפיצה, הנח אותה על אש בינונית-גבוהה עד שהיא נעשית לוהטת, כ-15 דקות.

b) מעבירים את המחבת (ההפוכה) או מחבת הפסים לפטם.

c) שמים תאנים במחבת קטנה על אש בינונית, יוצקים את היין ומביאים לרתיחה. מכבים את האש ונותנים לתאנים להשרות לפחות 30 דקות. מסננים, ואז קוצצים לחתיכות של ½ אינץ'. קולים את חתיכות האגוזים במחבת יבשה על אש בינונית-גבוהה, 3 עד 4 דקות. מעבירים לצלחת, מצננים ואז קוצצים גס.

d) לעיצוב הבצק מפדרים משטח עבודה בקמח ומניחים עליו את כדור הבצק. מפזרים קמח ולשים כמה פעמים עד שהבצק מתאחד. מוסיפים עוד קמח במידת הצורך. יוצרים ממנו סיבוב בגודל 8 אינץ' על ידי לחיצה מהמרכז החוצה לכיוון הקצוות, ומשאירים גבול עבה של 1 אינץ' מהשאר.

e) פתחו את דלת התנור והחליקו החוצה במהירות את המתלה עם משטח הבישול עליו. מרימים בצק ומעבירים אותו במהירות למשטח הבישול, תוך הקפדה לא לגעת במשטח.

f) מטפטפים כף שמן על הבצק, מפזרים מעל את חתיכות האגוזים, אחר כך רדיקיו, אחר כך תאנים קצוצות, ואחר כך גבינה. החלק את המדף בחזרה לתנור וסגור את הדלת. צולים פיצה עד שהקרום תפח מסביב לקצוות, הפיצה השחירה בכתמים והגבינה נמסה, 3 עד 4 דקות.

g) מוציאים פיצה עם קליפת עץ או מתכת או ריבוע קרטון, מעבירים לקרש חיתוך ונותנים לה לנוח כמה דקות. מטפטפים מעל כף שמן שנותרה, חותכים את הפיצה לרבעים, מעבירים לצלחת ואוכלים.

39.פשטידת פיצה חמאת בוטנים קפואה

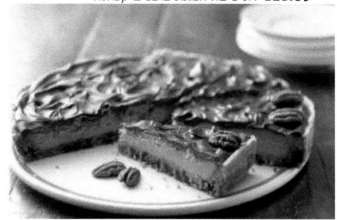

מַרְכִּיב

- 2 קליפות בצק דקות 12 אינץ'
- 2 כפות חמאה, מרוככת
- 18 אונקיות. חבילת גבינת שמנת, מרוככת
- 1 כוס חמאת בוטנים שמנת, מרוככת
- 1 2/1 כוסות אבקת סוכר
- 1 כוס חלב
- 1 12-oz. חבילה Cool Whip
- סירופ שוקולד

ביונים

a) מחממים תנור ל-400 מעלות צלזיוס.
b) מברישים את החלק העליון והשוליים של קליפות פיצה בחמאה, מכניסים לרשת התנור המרכזית ואופים 8 דקות. מוציאים ומצננים על רשתות.
c) בקערת מיקסר חשמלי גדולה, טורפים גבינת שמנת וחמאת בוטנים, ולאחר מכן מוסיפים את אבקת הסוכר בשלוש מנות, לסירוגין עם החלב.
d) מקפלים פנימה Cool Whip מופשר, ואז מפזרים את התערובת על קליפת הפיצה שהתקררה.
e) מקפיאים עד להתייצבות. מגישים פיצות קרות, אך לא קפואות. רגע לפני ההגשה מזלפים סירופ שוקולד.

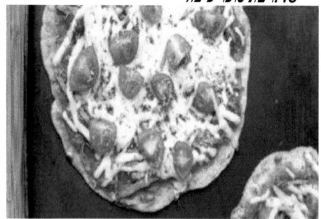

מַרְכִּיב

- ¼ כוס רוטב מרינרה,
- ¼ כוס תרד טרי קצוץ
- ¼ כוס מוצרלה מגוררת
- ¼ כוס עגבניות שרי חתוכות לרבעים
- 8/1 כפית אורגנו

כיוונים

a) מקציפים קמח, מים, שמן ומלח יחד לתערובת אחידה.

b) יוצקים את הבלילה על מחבת פסים חמה ומעורפלת בתרסיס בישול.

c) מחממים כל צד במשך 4-5 דקות (עד שהקרום מתחיל להשחים).

d) הופכים את הקרום פעם נוספת ומעלים רוטב מרינרה, תרד, גבינה, עגבנייה ואורגנו.

e) מחממים 3 דקות או עד שהגבינה נמסה.

41.פיצה בגריל

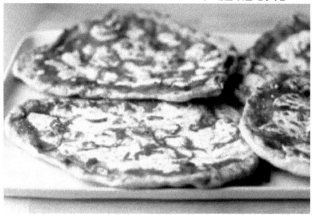

מַרְכִּיב

- 1 כפית שמרים יבשים
- 1 כף שמן סויה
- 1 כפית סוכר
- ½ כוס מים חמימים (110°F)
- 1 ½ כוס קמח לחם
- 1 כף קמח סויה
- 1 כפית מלח

כיוונים

a) שלבו שמרים, סוכר וחצי כוס מים חמימים מאוד בקערה, הניחו לחמש דקות. מערבבים בקערה קמח ומלח. מערבבים תערובת שמרים עם קערה המכילה יבשים. מוסיפים עוד מעט קמח אם הבצק דביק. ללוש 10 דקות טובות.

b) מכניסים לקערה משומנת ומתפיחים 60 דקות עד שהוא מכפיל את נפחו. הופכים על משטח מקומח ולאחר מכן ללוש קלות עד לקבלת תערובת חלקה. מרדדים לעיגול בעובי של ¼ אינץ' בקוטר 12 אינץ'. ככל שהבצק מרדדים דק יותר, כך ייטב.

c) לפני הנחת הקרום על הגריל, ודא שהגריל שלך נקי וגם משומן היטב. זה יעזור למנוע מהבצק להידבק לגריל. תצטרך משהו גדול מספיק כדי להעביר את הבצק שלך לגריל. מרית פיצה מומלצת מאוד למשימה זו. מברישים שכבה אחידה של שמן זית כתית מעולה בצד שיפנה כלפי מטה ראשון. השמן יציג טעם ויעזור למנוע מהבצק להידבק לגריל וכן יעניק לקרום גימור פריך ויפה.

d) לפני הנחת הפיצה על הגריל, מומלץ להסיר את המדף העליון של הגריל כדי להקל על הפיכת הפיצה.

e) מבשלים את הצד הראשון 1-3 דקות לפני ההיפוך, תלוי בחום הגריל. במהלך הזמן הזה, תצטרכו להבריש שמן זית בצד שפונה כלפי מעלה. בזמן בישול הצד הראשון, יש להגיע אל מתחת לקצה הקרום כדי לעקוב אחר סיומו.

f) מבשלים עד שאתה מרוצה מהגימור ואז הפוך את הקרום. לאחר ההיפוך יש למרוח מיד כל תוספת שתרצו. מומלץ מאוד לשמור את הציפוי קל מאוד, מכיוון שלא תהיה להם סיכוי להתבשל על הגריל מבלי לשרוף את הקרום. אתה יכול לשקול בישול מוקדם מסוימים כגון בשרים וירקות עבים. הקפידו להוריד את המכסה בהקדם האפשרי כדי ללכוד את האש ולסיים את בישול התוספות.

g) מבשלים את הפיצה עוד 2-3 דקות או עד שמרוצים מגימור הקרום.

42.פיצה לבנה בגריל עם סופרסטה

מַרכִּיב

- בצק
- 1 כוס שמן זית
- 6 שיני שום כתושות
- 2 שיני שום טחונות
- 1 כוס ריקוטה חלב מלא
- 1 כפית טימין טרי קצוץ
- 2 כפיות בתוספת 1 כף אורגנו טרי קצוץ, לשמור בנפרד 2/1 כוס שמן זית
- 4 כוסות מוצרלה מגוררת
- 1 כוס פרמזן מגורר
- 6 אונקיות סופרסטה או סלמי מרפא אחר, פרוס דק
- 4 אונקיות פלפל דובדבן (צנצנת), סחוט וקרוע לחתיכות
- מלח כשר ופלפל שחור גרוס טרי קמח תירס (טחון גס), לפי הצורך

ביוונים

a) מחממים תנור ל-150 מעלות צלזיוס או להגדרה הנמוכה ביותר. כאשר התנור מגיע לטמפרטורה, כבו את התנור. יוצקים את המים לקערת העבודה של מעבד מזון או מיקסר (לשניהם צריך להיות חיבור לבצק). מפזרים את השמן, הסוכר והשמרים על פני המים ומערבבים כמה פעמים עד לקבלת תערובת אחידה. מוסיפים את הקמח והמלח ומעבדים עד שהתערובת מתאחדת. הבצק צריך להיות רך ומעט דביק. אם הוא דביק מאוד, מוסיפים קמח 1 כף בכל פעם, ומקציפים קצרות. אם הוא עדיין נוקשה מדי, מוסיפים 1 כף מים ומקציפים קצרות. מעבדים עוד 30 שניות.

b) הופכים את הבצק על משטח עבודה מקומח קלות. ללוש אותו ביד ליצירת בדור חלק ועגול. מכניסים את הבצק לקערה גדולה ונקייה שצופה בשמן זית ומכסים היטב בניילון נצמד. מניחים לתפוח 15 דקות בתנור לפני שממשיכים.

c) בסיר קטן מוסיפים את 1 כוס שמן הזית עם 6 שיני השום הכתושות. מביאים לרתיחה, ואז מסירים מהאש כדי לאפשר לשום להחדיר את השמן ולהתקרר. בקערה קטנה משלבים ריקוטה, 2 שיני שום טחונות, טימין קצוץ ו-2 כפיות אורגנו קצוץ. מוציאים את הבצק מהתנור, חוררים אותו, והופכים אותו על משטח עבודה מקומח קלות. מחלקים את הבצק לארבעה כדורים בגודל 4 אינץ'. מניחים אבן פיצה על הגריל ומחממים מראש את גריל הגז לגבוה.

d) מפזרים קלות על משטח העבודה ¼ כוס קמח תירס. מרדדים או מותחים בצק 1 סיבוב בעדינות למלבן או עיגול בגודל 12 אינץ' בעובי של ¼ אינץ'. מברישים בכ-2 כפות שמן זית. מפזרים קליפת פיצה עם קמח תירס ולאחר מכן מחליקים עליו בצק עגול. מניחים תוספות על הבצק עגולה בסדר הזה. מברישים בשמן שום, לאחר מכן מורחים בריקוטה עשבי תיבול, ולאחר מכן מעלים מוצרלה, פרמזן, סופרסטה ופלפל דובדבן.

e) עם קליפת פיצה, מחליקים את הפיצה על אבן הפיצה החמה. סגור את המכסה במהירות האפשרית. צולים כ-5-7 דקות, או עד שתחתית הקרום משחימה היטב, התוספות חמימות והגבינה מבעבעת, כ-5 עד 10 דקות.

43.פיצה ירקות בגריל

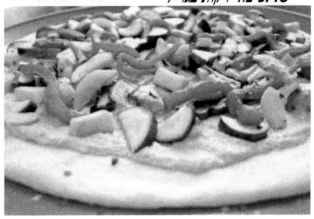

מַרְכִּיב

- 1 כוס מים פושרים (בערך 100 מעלות F)
- ¼ כוס שמן זית 1 ½ כפיות דבש
- 1 מעטפה שמרים בעלי עליה מהירה
- 3 כוסות קמח לכל מטרה, בתוספת תוספת לפי הצורך
- 1 ½ כפיות מלח כשר.

כיוונים

a) מחממים תנור ל-150 מעלות או להגדרה הנמוכה ביותר. כאשר התנור מגיע לטמפרטורה, כבו את התנור. יוצקים את המים לקערת העבודה של מעבד מזון או מיקסר (לשניהם צריך להיות חיבור לבצק). מפזרים את השמן, הסוכר והשמרים על פני המים ומערבבים כמה פעמים עד לקבלת תערובת אחידה. מוסיפים את הקמח והמלח ומעבדים עד שהתערובת מתאחדת. הבצק צריך להיות רך ומעט דביק. אם הוא דביק מאוד, מוסיפים קמח 1 כף בכל פעם, ומקציפים לרגע. אם הוא עדיין נוקשה מדי, מוסיפים 1 כף מים ומקציפים לרגע. מעבדים עוד 30 שניות.

b) הופכים את הבצק על משטח עבודה מקומח קלות ללוש אותו ביד ליצירת כדור חלק ועגול. מכניסים את הבצק לקערה גדולה ונקייה שצופה בשמן זית ומכסים היטב בניילון נצמד. מניחים לתפוח 15 דקות בתנור לפני שממשיכים. מוציאים את הבצק מהתנור, חוררים אותו והופכים אותו למשטח עבודה מקומח קלות.

c) מחלקים את הבצק לארבעה כדורי 4 אינץ' וממשיכים לפי הוראות הכנת הפיצה.

44.פיצה מוצרלה, ארוגולה ולימון

מַרכִּיב

- 1 בצק פיצה
- 2 כוסות רסק עגבניות
- 1 שן שום, מרוסקת
- 1 כפית אורגנו מיובש
- 1 כפית רסק עגבניות
- ½ כפית מלח
- פלפל שחור טחון
- ¼ כפית פתיתי פלפל אדום
- 2 כוסות גבינת מוצרלה מגוררת
- ½ כוס פרמיג'יאנה מגוררת
- אופציונלי אבל ממש נחמד
- חצי צרור (בערך 2 כוסות) ארוגולה, מנוקה ומיובש
- ½ לימון
- טפטוף שמן זית

כיוונים

a) יוצקים את רסק העגבניות לסיר בגודל בינוני ומחממים על אש בינונית. מוסיפים את השום, האורגנו ורסק העגבניות. מערבבים כדי לוודא שהמשחה נטמעה במחית.

b) מביאים לרתיחה (זה עוזר לרוטב להפחית מעט), ואז מנמיכים את האש ומערבבים כדי לוודא שהרוטב לא נדבק. הרוטב יכול להיות מוכן תוך 15 דקות או יכול להתבשל זמן רב יותר, עד חצי שעה. זה יקטן בכרבע, מה שנותן לך לפחות ¾ כוס פירה לכל פיצה.

c) טועמים מלח ומתבלים בהתאם, ומוסיפים את הפלפל השחור ו/או פתיתי הפלפל האדום. מסירים את שן השום.

d) מצקת את הרוטב לאמצע עיגול הבצק, ובעזרת מרית גומי מורחים עד לכיסוי מלא של פני השטח.

e) מניחים את המוצרלה (1 כוס לפיצה בגודל 12 אינץ') על גבי הרוטב. זכרו, הגבינה תתפשט כשהיא נמסה בתנור, אז אל תדאגו אם נראה כאילו הפיצה שלכם לא מכוסה היטב בגבינה.

f) מכניסים לתנור שחומם מראש ל-500 מעלות צלזיוס ואופים לפי ההוראות עבור בצק הפיצה.

g) כשהפיצה מוכנה, מקשטים אותה בפרמיג'אנה ובארוגולה (אם משתמשים). סוחטים את הלימון על כל הירוקים ו/או מטפטפים שמן זית אם רוצים.

117

45.פיצה מקסיקנית

מַרְכִּיב

- 2/1 ק"ג בשר בקר טחון
- 2/1 כפית מלח
- 4/1 כפית בצל מיובש טחון
- 4/1 כפית פפריקה
- 2/1-1 כפית אבקת צ'ילי
- 2 כפות מים
- 8 טורטיות קמח קטנות (קוטר 6 אינץ').
- 1 כוס שמן קיצור קריסקו או בישול
- 1 (16 אונקיות) קופסת שעועית מחודשת
- 3/1 כוס עגבנייה חתוכה לקוביות
- 3/2 כוס סלסה פיקנטה עדינה
- 1 כוס גבינת צ'דר מגוררת
- 1 כוס גבינת מונטריי ג'ק מגוררת
- 4/1 כוס בצל ירוק קצוץ
- 4/1 כוס זיתים שחורים פרוסים

כיוונים

a) מבשלים את הבשר הטחון על אש בינונית עד להשחמה, ואז מסננים את עודפי השומן מהמחבת. מוסיפים מלח, בצל, פפריקה, אבקת צ'ילי ומים, ולאחר מכן הניחו לתערובת להתבשל על אש בינונית כ-10 דקות. מערבבים לעתים קרובות.

b) מחממים שמן או קיצור קריסקו במחבת על אש בינונית-גבוהה. אם שמן מתחיל לעשן, הוא חם מדי. כשהשמן חם מטגנים כל טורטייה כ-30-45 שניות לכל צד ומניחים בצד על נייר סופג.

c) כאשר מטגנים כל טורטייה, הקפידו לפוצץ בועות שנוצרות כך שהטורטייה תשכב שטוח בשמן. טורטיות צריכות להפוך לחום זהוב. מחממים שעועית רעננה במחבת קטנה מעל הכיריים או במיקרוגל.

d) מחממים תנור ל-400F. כאשר הבשר והטורטיות מוכנים, עורמים כל פיצה על ידי פיזור תחילה של כ-3/1 כוס שעועית מחודשת על פניה של טורטיה אחת. לאחר מכן מורחים 4/1 עד 3/1 כוס בשר, ואז טורטייה נוספת.

e) מצפים את הפיצות שלך בשתי כפות סלסה על כל אחת מהן, ואז מחלקים את העגבניות ועורמים אותן מעל. לאחר מכן מחלקים את הגבינה, הבצל והזיתים, ועורמים לפי הסדר הזה.

f) הכניסו פיצות לתנור החם למשך 8-12 דקות או עד שהגבינה מעל נמסה. מכין 4 פיצות.

46.מיני פיצה בייגל

מַרכִּיב

● מיני בייגלס
● רוטב פיצה
● גבינת מוצרלה מגוררת

כיוונים

a) מחממים תנור ל-400

b) מחלקים בייגל לשניים, מפזרים רוטב באופן שווה על כל חצי, מפזרים גבינה.

c) אופים 3-6 דקות או עד שהגבינה נמסה לפי טעמכם.

47.פיצה מופולטה

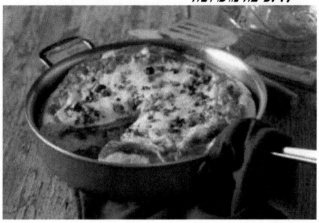

מַרְכִּיב

- 2/1 כוס סלרי קצוץ דק
- 3/1 כוס זיתים ירוקים ממולאים בפימנטו קצוצים
- 4/1 כוס פפרוצ'יני קצוץ
- 4/1 כוס בצל קוקטייל קצוץ
- 1 שן שום, קצוצה
- 3 כפות שמן זית כתית מעולה
- 2 כפיות תערובת רוטב סלט איטלקי יבש
- 3 אונקיות. בשר חזיר/סלמי דק פרוס, חתוך לקוביות
- 8 אונקיות. גבינת פרובולון מגוררת
- 2 קרומי בצק לא מבושלים בגודל 12 אינץ'
- שמן זית כתית

ביוונים

a) מערבבים את 7 הראשונים לסלט זיתים במרינדה ומצננים לילה. שלבו סלט זיתים, חזיר וגבינה. מעל קרום בצק אחד עם 2/1 מהתערובת. מטפטפים שמן. אופים בתנור שחומם מראש ל-500 מעלות צלזיוס עבור

b) 10-8 דקות או עד שהקרום מזהיב והגבינה נמסה. מוציאים מהתנור ומצננים על רשת כ-2-3 דקות לפני שחותכים לפרוסות ומגישים.

c) חזור על הפעולה עם קרום בצק אחר.

48.פיצה במחבת

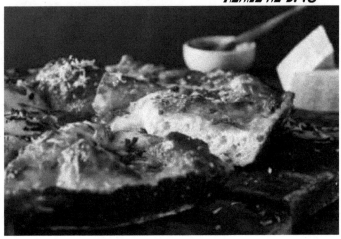

מַרְכִּיב

- בצק
- 2 כפות שמן זית
- 1 שן שום, קלופה וקצוצה
- 2 כפות רסק עגבניות
- קורט פתיתי צ'ילי, לפי הטעם
- פחית של 128 אונקיות עגבניות קצוצות או מרוסקות
- 2 כפות דבש, או לפי הטעם
- 1 כפית מלח כשר, או לפי הטעם

כיוונים

a) שלבו את הקמח והמלח בקערת הערבוב הגדולה ביותר שלכם. בקערת ערבוב נוספת מערבבים את המים, החמאה, שמן הזית והשמרים. מערבבים היטב.

b) השתמשו במרית גומי כדי ליצור גומה במרכז על תערובת הקמח, והוסיפו לה את הנוזלים מהקערה השנייה, תוך ערבוב עם המרית ומגרדים את דפנות הקערה כדי לאחד את הכל.

c) מערבבים הכל יחד עד לקבלת כדור גדול ומדובלל של בצק רטוב, מכסים בניילון נצמד ומניחים ל-30 דקות.

d) חושפים את הבצק ובעזרת ידיים מקומחות, לשים אותו עד שהוא חלק ודביק באופן אחיד, כ-3 עד 5 דקות. מעבירים את כדור הבצק לקערת ערבוב נקייה, מכסים בניילון נצמד ומניחים לתפיחה של 3 עד 5 שעות בטמפרטורת החדר, ולאחר מכן מקררים, לפחות 6 שעות ועד 24.

e) בבוקר שרוצים להכין את הפיצות, מוציאים את הבצק מהמקרר, מחלקים ל-3 נתחים שווים בגודלם (כ-600 גרם כל אחד) ומעצבים מהם כדורים מוארכים. השתמש בשמן זית כדי לשמן שלוש מחבתות מברזל יצוק בגודל 10 אינץ', תבניות אפייה בגודל 8 אינץ' על 10 אינץ' עם דפנות גבוהות, כלי אפייה מזכוכית בגודל 7 אינץ' על 11 אינץ' או שילוב כלשהו שלהן, והנח את הכדורים בתוכם.

f) מכסים בניילון נצמד ומניחים לתפיחה בטמפרטורת החדר, 3 עד 5 שעות. התערובת מבריקה ורק מתחילה להתקרמל.

g) מכינים את הרוטב. מניחים סיר על אש בינונית-נמוכה, ומוסיפים לו 2 כפות שמן זית. כשהשמן מנצנץ, מוסיפים את השום הטחון ומבשלים תוך כדי ערבוב עד שהוא מזהיב וארומטי, כ-2 עד 3 דקות.

h) מוסיפים את רסק העגבניות וקורט פתיתי צ'ילי, ומגבירים את האש לבינונית. מבשלים, תוך ערבוב לעתים קרובות

i) מוסיפים את העגבניות, מביאים לרתיחה, מנמיכים את האש ומניחים להתבשל במשך 30 דקות, תוך ערבוב מדי פעם.

j) מורידים רוטב מהאש ומערבבים פנימה את הדבש והמלח לפי הטעם, ואז מערבבים בבלנדר טבילה או מניחים להתקרר והשתמשו בבלנדר רגיל. (את הרוטב אפשר להכין מבעוד מועד ולשמור במקרר או במקפיא. זה מספיק ל-6 פשטידות בערך).

k) לאחר 3 שעות בערך הבצק יכפיל את נפחו כמעט. מותחים את הבצק בעדינות רבה לדפנות התבניות, גומלים אותו בעדינות עם האצבעות. לאחר מכן ניתן להשאיר את הבצק לנוח עוד 2 עד 8 שעות, מכוסה בניילון.

l) מכינים את הפיצות. מחממים תנור ל-450. מושכים בעדינות את הבצק לשולי התבניות אם הוא עדיין לא תפח לשוליים. השתמש בכף או מצקת כדי לשים 4 עד 5 כפות רוטב על הבצק, מכסה אותו בעדינות. מפזרים את המוצרלה הלחות הנמוכה על הפשטידות, ואז מנקדים אותן במוצרלה הטרייה והפפרוני לפי הטעם. מפזרים את האורגנו ומזליפים במעט שמן זית.

m) מניחים את הפיצות על הרשת האמצעית של התנור על תבנית גדולה או ניירות אפייה כדי ללכוד נזילות, ואז מבשלים במשך 15 דקות בערך. השתמשו במרית אופסט כדי להרים את הפיצה ולבדוק את התחתיות.

n) הפיצה מוכנה כאשר הקרום מזהיב והגבינה נמסה ומתחילה להשחים מלמעלה, כ-20 עד 25 דקות.

49. פפרוני פיצה צ'ילי

מַרכִּיב

- 2 פאונד בשר בקר טחון
- 1 פאונד קישורי נקניק איטלקי חם
- 1 בצל גדול, קצוץ
- 1 פלפל ירוק גדול, קצוץ
- 4 שיני שום, קצוצות
- 1 צנצנת (16 אונקיות) סלסה
- 1 קופסת (16 אונקיות) שעועית צ'ילי חריפה, לא מרוקן
- 1 קופסת (16 אונקיות) שעועית כליה, שטופה ומרוקנת
- 1 פחית (12 אונקיות) רוטב פיצה
- 1 חבילה (8 אונקיות) פפרוני פרוס, חצוי
- 1 כוס מים
- 2 כפיות אבקת צ'ילי
- 2/1 כפית מלח
- 2/1 כפית פלפל
- 3 כוסות (12 אונקיות) חלק מגורר גבינת מוצרלה רזה

כיוונים

a) בתנור הולנדי מבשלים את בשר הבקר, הנקניק, הבצל, הפלפל הירוק והשום על אש בינונית עד שהבשר כבר לא ורוד; מסננים.

b) מערבבים פנימה את הסלסה, השעועית, רוטב הפיצה, הפפרוני, המים, אבקת הצ'ילי, המלח והפלפל. להביא לרתיחה. להפחית את החום; לכסות.

50.פיצה פסטו

מַרכִּיב

- 1 2/1 כוסות (ארוזים) עלי תרד עם גבעולים
- 2/1 כוס (ארוז) עלי בזיליקום טריים (בערך 1 צרור)
- 1 2/1 כפות שמן מעגבניות מיובשות או שמן זית ארוזות בשמן
- 1 שן שום גדולה
- שמן זית
- מעטפת בצק 12 אינץ' בסגנון NY
- 3/1 כוס עגבניות מיובשות פרוסות בשמן סחוטות 2 כוסות גבינת מוצרלה מגוררת (בערך 8 אונקיות)
- 1 כוס גבינת פרמזן מגוררת

כיוונים

a) לערבב את 4 הראשונות במעבד למחית גסה. מעבירים את הפסטו לקערה קטנה. (ניתן להכין יום אחד קדימה. לחץ פלסטיק ישירות על משטח הפסטו לכיסוי מקרר.) מחממים תנור ל-500F. משמנים תבנית פיצה 12 אינץ' בשמן זית.

b) מסדרים את הבצק בתבנית ומורחים את כל הפסטו על הבצק. מפזרים עגבניות מיובשות, ואז גבינות. אופים פיצה עד שהקרום משחים והגבינה נמסה.

51.פיצה פילי צ'יסטייק

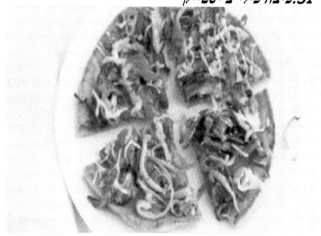

מַרְכִּיב

- 1 בצל בינוני, פרוס
- 1 פלפל ירוק בינוני, פרוס
- 8 אונקיות. פטריות, פרוסות
- 8 אונקיות. רוסטביף, מגולח
- 3 כפות רוטב ווסטרשייר
- 4/1 תה. פלפל שחור
- 1 אצווה בצק סיציליאני קרום עבה
- 3 כפות שמן זית
- 1 כפית שום כתוש
- 4 כוסות גבינת פרובולון
- 4/1 כוסות גבינת פרמזן, מגוררת

כיוונים

a) מטגנים ירקות ב-1 כף. שמן זית עד רך להוסיף רוסטביף. מבשלים עוד שלוש דקות.

b) מוסיפים רוטב ווסטרשייר ופלפל מערבבים ומסירים מהאש. לְהַפְרִישׁ.

c) מברישים את הבצק המוכן בשמן זית ומורחים שום כתוש על כל פני הבצק. למעלה בשכבה קלה של גבינה מגוררת, ולאחר מכן תערובת בשר/ירקות, לפיזור אחיד.

d) למעלה עם הגבינה המגוררת שנותרה, ואז פרמזן. אופים בתנור שחומם מראש ל-500F עד שהגבינה נמסה ומבעבעת.

e) מניחים לשבת 5 דקות לפני החיתוך וההגשה.

52.פיצה בפיתה עם זיתים ירוקים

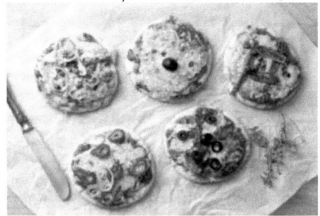

מַרכִּיב

סלט קצוץ

- 1 שן שום, קלופה וחצויה
- 2 כפות חומץ בלסמי
- 1 בצל אדום קטן, חצוי, פרוס דק
- ¼ כוס שמן זית כתית מעולה
- מלח ים גס ופלפל שחור טרי 3 לבבות רומיין קצוצים גס 4 מלפפונים קירבי בינוניים חתוכים לקוביות
- חתיכות בגודל ביס
- 2 עגבניות בינוניות, מגורעות, זרעו וחתוכים לקוביות
- 1 אבוקדו בשל, חתוך לקוביות
- 5 עלי בזיליקום טריים, קרועים לחתיכות
- 10-8 עלי נענע טריים, קרועים לחתיכות

פיצה פיצה

- 4 (7 אינץ') כיס פחות לחמי פיתות
- 8 אונקיות. גבינת מונטריי ג'ק, מגורדת
- ½ כוס זיתים ירוקים מגולענים וקצוצים
- 2 פלפלי ג'לפניו, טחונים פתיתי פלפל אדום כתוש פלפל שחור טחון טרי גבינת פרמזן מגולחת לקישוט

כיוונים

a) מחממים את התנור ל-450 מעלות צלזיוס.

b) להכנת הסלט, שפשפו נמרצות את החלק הפנימי של קערה גדולה עם השום. מוסיפים חומץ ובצל אדום ומניחים בצד ל-5 דקות. טורפים פנימה את השמן ומתבלים במלח ופלפל. מוסיפים את החסה, המלפפון, העגבנייה, האבוקדו, הבזיליקום והנענע ומערבבים היטב.

c) אופים את הפיתות, בקבוצות במידת הצורך, על אבן הפיצה או המחבת המחוממת במשך 3 דקות. בקערה קטנה מערבבים את הגבינה, הזיתים והג'לפניו. מחלקים את התערובת הזו בין ארבע הפיתות.

d) מחזירים את הפיתות לתנור, שתיים בכל פעם, ואופים עד שהגבינה מבעבעת ומשחימה קלות, כ-5 דקות. תולים את הסלט על הפיצות, מפזרים גבינת פרמזן ומגישים.

e) מורחים פיתות עם רוטב. הוסף עוד אבקת שום ואורגנו אם תרצה. אז הוסף את התוספות לבחירתך! עגבניות קצוצות, בצל, פלפלים, קישואים או דלעת צהובה כולם טעימים ומזינים!

f) אופים ב-400 מעלות למשך 10 דקות.

53.בורגר פיצה

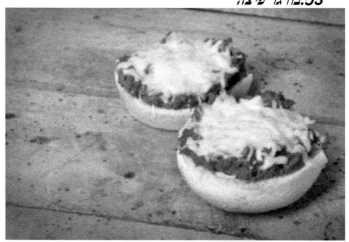

מַרכִּיב

- 1 ק"ג בשר בקר טחון
- 4/1 זיתים קצוצים
- 1 גבינת צ'דר
- 2/1 ט אבקת שום
- 18 אונקיות. יכול רוטב עגבניות
- 1 בצל, חתוך לקוביות

כיוונים

a) בשר משחים עם שום ובצל.

b) מסירים מהאש ומערבבים פנימה רוטב עגבניות וזיתים.

c) מניחים בלחמניות נקניקיות עם גבינה.

d) עוטפים בנייר כסף ואופים 15 דקות בחום של 350 מעלות.

54.לאנצ' בוקס פיצה

מַרְכִּיב

- 1 פיתה עגולה
- 1 כפית שמן זית
- 3 כפות רוטב פיצה
- 2/1 ג גבינת מוצרלה מגוררת
- 4/1 C. פטריות קרימיני פרוסות
- 8/1 כפיות מלח שום

כיוונים

a) הגדר את הגריל שלך לחום בינוני-גבוה ושמן את רשת הגריל.
b) מורחים את השמן ורוטב הפיצה על צד אחד של הפיתה באופן שווה.
c) מניחים את הפטריות והגבינה מעל הרוטב ומפזרים הכל עם מלח השום.
d) מסדרים את הפיתה על הגריל, עם צד הפטריות כלפי מעלה.
e) מכסים ומבשלים על הגריל כ-5 דקות.

55.פינוק פירותי צונן

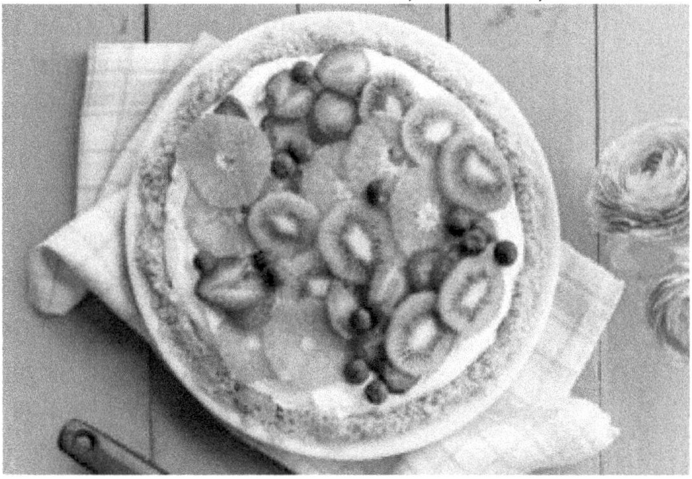

מַרכִּיב

- חבילה אחת (18 אונקיות) בצק עוגיות סוכר בקירור
- 1 (7 אונקיות) קרם מרשמלו צנצנת
- 1 (8 אונקיות) חבילה גבינת שמנת, מרוככת

כיוונים

a) הגדר את התנור שלך ל-350 מעלות F לפני שתעשה כל דבר אחר.
b) מניחים את הבצק על תבנית בינונית בעובי של כ-4/1 אינץ'.
c) מבשלים הכל בתנור כ-10 דקות.
d) מוציאים הכל מהתנור ושומרים בצד להתקרר.
e) מערבבים בקערה את גבינת השמנת וקרם המרשמלו.
f) מורחים את תערובת גבינת השמנת על הבצק ומצננים במקרר לפני ההגשה.

56.פיצה מעושנת

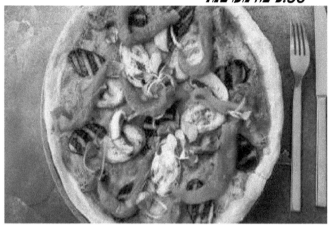

מַרכִּיב

- 3 2/1 C. קמח לכל מטרה
- פיצה קראסט שמרים
- 1 כף סוכר
- 1 2/1 כפיות מלח
- 1 3/1 C. מים חמים מאוד (120 מעלות עד 130 מעלות F)
- 3/1 ג' שמן
- קמח נוסף לרידוד
- שמן נוסף לצלייה
- רוטב פיצה
- תוספות אחרות לפי הרצון
- גבינת מוצרלה מגוררת

ביוונים

a) הגדר את הגריל שלך לחום בינוני-גבוה ושמן את רשת הגריל.

b) בקערה גדולה מערבבים יחד 2 C. מהקמח, השמרים, הסוכר והמלח.

c) מוסיפים את השמן והמים ומערבבים עד לקבלת תערובת אחידה.

d) לאט לאט, מוסיפים את יתרת הקמח ומערבבים עד שנוצר בצק מעט דביק.

e) מניחים את הבצק על משטח מקומח ולשים אותו עד שהבצק הופך אלסטי.

f) מחלקים את הבצק ל-8 חלקים ומרדדים כל חלק על משטח מקומח לעיגול של כ-8 אינץ'.

g) מצפים את שני הצדדים של כל קרום בשמן נוסף.

h) מבשלים את כל הקרום על הגריל כ-3-4 דקות.

i) מעבירים את הקרום על משטח חלק, כשהצד הצלוי כלפי מעלה.

j) מורחים שכבה דקה של רוטב פיצה על כל קרום באופן שווה.

k) מניחים מעל הרוטב את התוספות והגבינה הרצויים ומבשלים הכל על הגריל עד שהגבינה נמסה.

57.פיצה מתוקה

מַרְכִּיב

- חבילה אחת (18 אונקיות) בצק עוגיות סוכר בקירור
- מיכל 1 (8 אונקיות) תוספת קצפת קפואה, מופשרת
- 2/1 ג' בננה פרוסה
- 2/1 ג' תותים טריים פרוסים
- 2/1 ג' אננס כתוש, מרוקן
- 2/1 ג' ענבים ללא גרעינים, חצויים

כיוונים

a) הגדר את התנור שלך ל-350 מעלות F לפני שתעשה כל דבר אחר.
b) מניחים את הבצק על תבנית פיצה בגודל 12 אינץ'.
c) מבשלים הכל בתנור כ-15-20 דקות.
d) מוציאים הכל מהתנור ושומרים בצד להתקרר.
e) מורחים את הציפוי המוקצף על הקרום ומעלים את הפירות בכל עיצוב רצוי.
f) מקררים לצינון לפני ההגשה.

58.פיצה ייחודית

מַרכִּיב

- 1 (10 אונקיות) קופסת בצק בקירור של קרום פיצה
- ממרח חומוס C 1
- 1 2/1 ג' פלפלים חריפים פרוסים, בכל צבע
- 1 C. פרחי ברוקולי
- 2 C. גבינת מונטריי ג'ק מגוררת

כיוונים

a) הגדר את התנור שלך ל-475 מעלות פרנהייט לפני שתעשה כל דבר אחר.
b) מניחים את הבצק על תבנית פיצה.
c) מניחים שכבה דקה של החומוס על הקרום בצורה אחידה ומעל הכל את הברוקולי והפלפלים.
d) מפזרים את הפיצה עם הגבינה ומבשלים הכל בתנור כ-10-15 דקות.

59.פיצה אומן

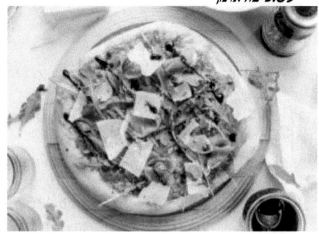

מַרכִּיב

- 1 (12 אינץ') קרום פיצה אפוי מראש
- 2/1 C. פסטו
- 1 עגבנייה בשלה, קצוצה
- 2/1 צ' פלפל ירוק, קצוץ
- 1 (2 אונקיות) קופסת זיתים שחורים קצוצים, מרוקנים
- 2/1 בצל אדום קטן, קצוץ
- 1 (4 אונקיות) לבבות ארטישוק, מסוננים ופרוסים
- 1 ג גבינת פטה מפוררת

כיוונים

a) הגדר את התנור שלך ל-450 מעלות פרנהייט לפני שתעשה כל דבר אחר.

b) מניחים את הבצק על תבנית פיצה.

c) מניחים שכבה דקה של הפסטו על הקרום בצורה אחידה ומעליהם הירקות וגבינת הפטה.

d) מפזרים את הפיצה עם הגבינה ומבשלים הכל בתנור כ-8-10 דקות.

60.מטבל פיצה פפרוני

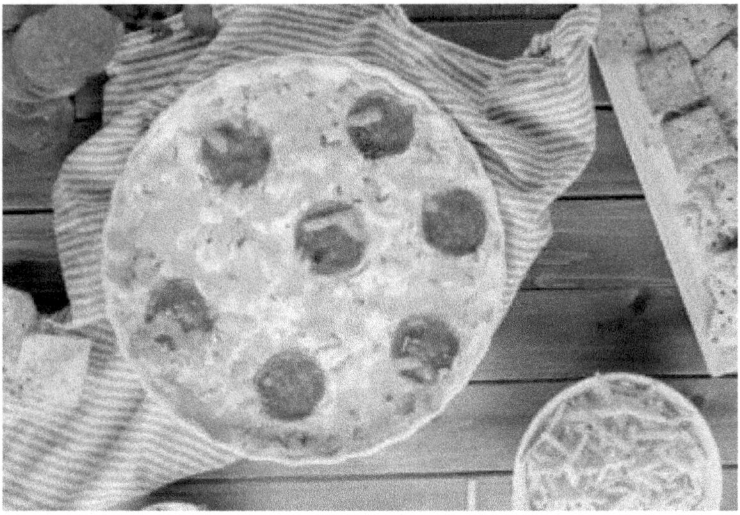

מַרְכִּיב

- 1 (8 אונקיות) חבילה גבינת שמנת, מרוככת
- 1 (14 אונקיות) פחית רוטב פיצה
- 4/1 ק"ג נקניקיית פפרוני, חתוכה לקוביות
- 1 בצל, קצוץ
- 1 (6 אונקיות) קופסת זיתים שחורים, קצוצים
- 2 ג גבינת מוצרלה מגוררת

כיוונים

a) הגדר את התנור שלך ל-400 מעלות פרנהייט לפני שתעשה כל דבר אחר ושמן תבנית פאי בגודל 9 אינץ'.

b) בתחתית תבנית הפאי המוכנה, מניחים את גבינת השמנת ומעליה את רוטב הפיצה.

c) מעל הכל את הזיתים, הפפרוני והבצל ומפזרים גבינת מוצרלה.

d) מבשלים הכל בתנור כ-20-25 דקות.

61.פיצה טונה

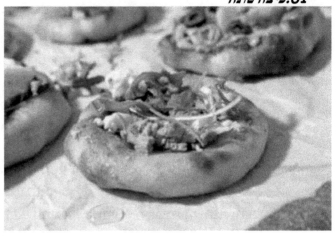

מַרְכִּיב

- 1 (8 אונקיות) חבילה גבינת שמנת, מרוככת
- חבילה אחת (14 אונקיות) קרום פיצה אפוי מראש
- 1 (5 אונקיות) קופסת טונה, מרוקן ומתקלף
- 2/1 ג' בצל אדום פרוס דק
- 1 2/1 ג גבינת מוצרלה מגוררת
- פתיתי פלפל אדום כתוש, או לפי הטעם

כיוונים

a) הגדר את התנור שלך ל-400 מעלות פרנהייט לפני שתעשה כל דבר אחר.

b) מורחים את גבינת השמנת על הקרום האפוי מראש.

c) משטחים את הקרום עם הטונה והבצל ומפזרים את גבינת המוצרלה ופתיתי הפלפל האדום.

d) מבשלים הכל בתנור כ-15-20 דקות.

62.עוף בטעם פיצה

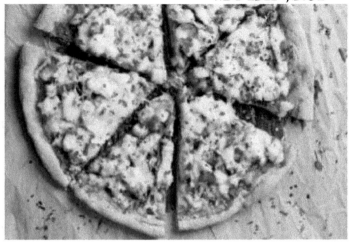

מַרְכִּיב

- 2/1 C. פירורי לחם מתובל איטלקי
- 4/1 צ' גבינת פרמזן מגוררת
- 1 כפית מלח
- 1 כפית פלפל שחור גרוס
- 2/1 ג' קמח לכל מטרה
- ביצה 1
- 1 כף מיץ לימון
- 2 חצאי חזה עוף ללא עור ללא עצמות
- 2/1 צ' רוטב פיצה, מחולק
- 2/1 ג גבינת מוצרלה מגוררת, מחולקת
- 4 פרוסות פפרוני, או לפי הטעם - מחולקים

כיוונים

a) הגדר את התנור שלך ל-400 מעלות פרנהייט לפני שתעשה כל דבר אחר.

b) בצלחת רדודה מוסיפים את מיץ הלימון והביצה וטורפים היטב.

c) בקערה רדודה שנייה מניחים את הקמח.

d) בקערה שלישית מערבבים יחד את הפרמזן, פירורי הלחם, המלח והפלפל השחור.

e) מצפים כל חזה עוף בתערובת הביצים ומגלגלים לתערובת הקמח.

f) שוב טובלים את העוף בתערובת הביצים ומגלגלים לתערובת פירורי הלחם.

g) מסדרים את חזה העוף בתבנית אפייה ומבשלים הכל בתנור כ-20 דקות.

h) מניחים כ-2 כפות מרוטב הפיצה מעל כל חזה עוף ומעליהם פרוסות הגבינה והפפרוני באופן שווה.

i) מבשלים הכל בתנור כ-10 דקות.

63.ארוחת בוקר פיצה

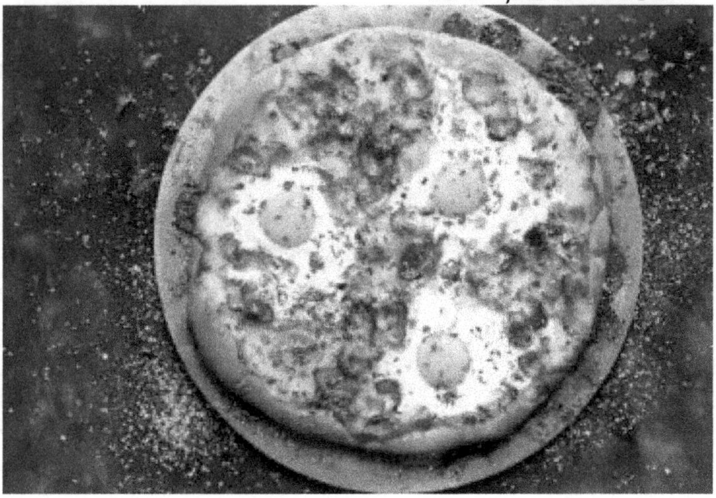

מַרְכִּיב

- 3/2 C. מים חמימים
- 1 (0.25 אונקיות) חבילה שמרים אינסטנט
- 2/1 כפיות מלח
- 1 כפית סוכר לבן
- 4/1 כפיות אורגנו מיובש
- 1 4/3 C. קמח לכל מטרה
- 6 פרוסות בייקון, קצוצות
- 2/1 ג' בצל ירוק, פרוס דק
- 6 ביצים, טרופים
- מלח ופלפל לפי הטעם
- 2/1 צ' רוטב פיצה
- 4/1 צ' גבינת פרמזן מגוררת
- 2 אונקיות. סלמי פרוס דק

כיוונים

a) כוונו את התנור ל-400 מעלות פרנהייט לפני שאתם עושים כל דבר אחר ומשמנים קלות מגש פיצה.

b) בקערה מוסיפים את המים, הסוכר, השמרים, האורגנו והמלח ומערבבים עד להמסה מלאה.

c) מוסיפים כ-1 ג' מהקמח ומערבבים היטב.

d) מוסיפים את יתרת הקמח ומערבבים היטב.

e) בניילון נצמד, מכסים את הקערה ושומרים בצד כ-10-15 דקות.

f) מחממים מחבת גדולה על אש בינונית ומבשלים את הבייקון עד להשחמה מלאה.

g) מוסיפים את הבצל הירוק ומטגנים תוך ערבוב כדקה.

h) מוסיפים את הביצים ומבשלים תוך כדי ערבוב עד שהביצים הטרופות מוכנות.

i) מערבבים פנימה את המלח והפלפל השחור.

j) מורחים את רוטב הפיצה על הבצק ומניחים את הבצק על מגש הפיצה המוכן.

k) מעלים את הבייקון, הביצים, הפרמזן והסלמי ומבשלים הכל בתנור כ--20 25 דקות.

64.גן טרי פיצה

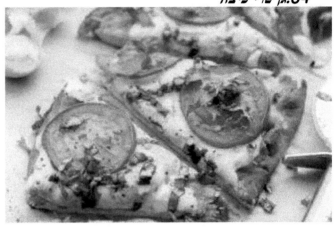

מַרְכִּיב

- 2 (8 אונקיות) חבילות גלילי סהר בקירור
- 2 (8 אונקיות) חבילות גבינת שמנת, מרוככת
- 3/1 ג' מיונז
- חבילה אחת (1.4 אונקיות) תערובת מרק ירקות יבשה
- 1 ג צנוניות, פרוסות
- 3/1 ג' פלפל ירוק קצוץ
- 3/1 ג' פלפל אדום קצוץ
- 3/1 ג' פלפל צהוב קצוץ
- 1 C. פרחי ברוקולי
- 1 ג' פרחי כרובית
- 2/1 ג' גזר קצוץ
- 2/1 ג' סלרי קצוץ

כיוונים

a) הגדר את התנור שלך ל-400 מעלות פרנהייט לפני שתעשה כל דבר אחר.

b) בתחתית תבנית ג'לירול בגודל 11X14 אינץ', מורחים את בצק גליל הסהר.

c) בעזרת האצבעות, צבט את כל התפרים יחד כדי ליצור קרום.

d) מבשלים הכל בתנור כ-10 דקות.

e) מוציאים הכל מהתנור ושומרים בצד להתקררות מלאה.

f) מערבבים בקערה את המיונז, גבינת השמנת ומרק הירקות.

g) מניחים את תערובת המיונז על הקרום בצורה אחידה ומעל הכל עם הירקות בצורה אחידה ומהדקים אותם בעדינות לתערובת המיונז.

h) בניילון, מכסים את הפיצה ומקררים אותה ללילה.

65.קונכיות פיצה

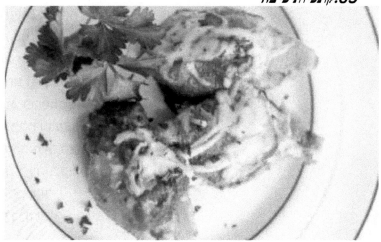

מַרְכִּיב

- 2 (28 אונקיות) קופסאות שימורים עגבניות מרוסקות
- 2 כפות שמן קנולה
- 2 כפות אורגנו מיובש
- 1 כפית בזיליקום מיובש
- 1 כפית סוכר לבן
- 1 (12 אונקיות) קופסת קונכיות פסטה ג'מבו
- פחית 1 (6 אונקיות) פטריות פרוסות, סחוטות
- 2/1 פלפל ירוק, קצוץ
- 2/1 בצל, קצוץ
- 2 C. גבינת מונטריי ג'ק מגוררת
- חבילה אחת (6 אונקיות) של מיני פפרוני פרוס

כיוונים

a) מוסיפים למחבת את העגבניות המרוסקות, בזיליקום, אורגנו, סוכר ושמן ומערבבים היטב.

b) מכסים את המחבת ומביאים לרתיחה.

c) מנמיכים את האש לנמוכה ומבשלים כ-30 דקות.

d) הגדר את התנור שלך ל-350 מעלות F.

e) במחבת גדולה של מים רותחים מומלחים קלות, מבשלים את קונכיות הפסטה כ-10 דקות תוך ערבוב מדי פעם.

f) מסננים היטב ושומרים בצד.

g) מערבבים בקערה את הפלפל הירוק, הבצל והפטריות.

h) מניחים כ-1 כפית מרוטב העגבניות בכל קליפה ומפזרים את תערובת הבצל וכ-1 כף של גבינת מונטריי ג'ק.

i) בתבנית אפייה בגודל 13X9 אינץ', מסדרים את הקליפות, זו לצד זו ונוגעים ומניחים על כל קליפה פרוסות מיני פפרוני.

j) מבשלים הכל בתנור כ-30 דקות.

66.פיצה איטלקית חמה

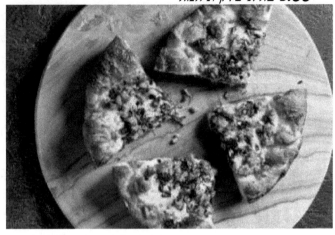

מַרְכִּיב

- 1 כף שמן זית
- 1 בצל ספרדי, פרוס דק
- 1 פלפל ירוק, פרוס דק
- 1 (3.5 אונקיות) נקניק איטלקי חם, פרוס
- 4/1 C. פטריות טריות פרוסות, או יותר לפי הטעם
- 1 פרוסת פולנטה מוכנה, חתוכה לחתיכות בגודל 4x4 אינץ'
- 4/1 צ' רוטב ספגטי, או לפי הצורך
- 1 גר. גבינת מוצרלה מגוררת

כיוונים

a) במחבת גדולה מחממים את השמן על אש בינונית ומאדים את הנקניק, הפלפל, הפטריות והבצל כ-10-15 דקות.

b) מעבירים את התערובת לקערה גדולה.

c) לאותה מחבת מוסיפים את הפולנטה ומבשלים כ-5 דקות משני הצדדים.

d) מעל הפולנטה את תערובת הנקניקיות, ואחריה רוטב הספגטי וגבינת המוצרלה.

e) מבשלים כ-5-10 דקות.

67.פיצה בסגנון ניו אורלינס

מַרכִּיב

- 8 זיתים שחורים ג'מבו, מגולענים
- 8 זיתים ירוקים מגולענים
- 2 כפות סלרי קצוץ
- 2 כפות בצל אדום קצוץ
- 2 שיני שום קצוצות
- 6 עלים בזיליקום טרי קצוץ
- 1 כף פטרוזיליה טרייה קצוצה
- 2 כפות שמן זית
- 2/1 כפיות אורגנו מיובש
- מלח ופלפל שחור גרוס טרי לפי הטעם
- חבילה אחת (16 אונקיות) קרום פיצה מוכן
- 1 כף שמן זית
- 2/1 כפיות אבקת שום לפי הטעם ומלח לפי הטעם
- 2 אונקיות. גבינת מוצרלה ו-2 אונקיות. גבינת פרובולון
- 2 אונקיות. גבינת פרמזן מגוררת
- 2 אונקיות. סלמי קשה פרוס דק, חתוך לרצועות
- 2 אונקיות. מורטדלה פרוסה דק, חתוכה לרצועות
- 4 אונקיות. פרושוטו פרוס דק חתוך לרצועות

כיוונים

a) מערבבים בקערה את הזיתים, הבצל, הסלרי, השום, עשבי התיבול הטריים, אורגנו מיובש, מלח, פלפל שחור ושמן.

b) מכסים ומקררים לצינון לפני השימוש.

c) הגדר את התנור שלך ל-500 מעלות F.

d) מברישים את בצק הפיצה בשמן ומפזרים את אבקת השום והמלח.

e) מסדרים את בצק הפיצה על רשת התנור ומבשלים הכל בתנור כ-5 דקות.

f) מוציאים הכל מהתנור ושומרים בצד להתקררות מלאה.

g) כעת, הגדר את התנור לפטם.

h) בקערה מערבבים יחד את כל השאר.

i) מוסיפים את תערובת הזיתים ומערבבים לאיחוד.

j) מניחים את התערובת על הקרום באופן שווה ומבשלים מתחת לפטם כ-5 דקות.

k) חותכים את המנה לפרוסות הרצויות ומגישים.

163

68.פיצה בחמישי בערב

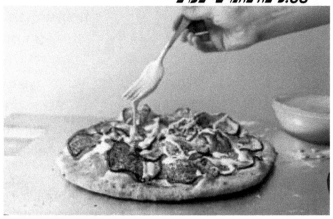

מַרכִּיב

- 10 אונקיות נוזל. מים חמים
- 4/3 כפיות מלח
- 3 כפות שמן צמחי
- 4 ג' קמח לכל מטרה
- 2 כפיות שמרים יבשים פעילים
- 1 (6 אונקיות) פחית רסק עגבניות
- 4/3 ג' מים
- חבילה אחת (1.25 אונקיות) תערובת תיבול טאקו, מחולקת
- 1 כפית אבקת צ'ילי
- 2/1 כפיות פלפל קאיין
- 1 (16 אונקיות) קופסת שעועית מחודשת ללא שומן
- 3/1 C. סלסה
- 4/1 ג' בצל קצוץ
- 2/1 ק"ג בשר בקר טחון
- 4 ג גבינת צ'דר מגוררת

165

כיוונים

a) במכונת הלחם מוסיפים את המים, המלח, השמן, הקמח והשמרים לפי הסדר המומלץ על ידי היצרן.
b) בחר את מחזור הבצק.
c) בודקים את הבצק לאחר מספר דקות.
d) אם הוא יבש מדי ולא מתערבב לאט, מוסיפים מים 1 כף בכל פעם, עד שהוא מתערבב ויש לו עקביות גמישה של בצק.
e) בינתיים מערבבים בקערה קטנה את רסק העגבניות, 4/3 מחבילת תערובת תיבול הטאקו, פלפל קאיין, אבקת צ'ילי ומים.
f) בקערה אחרת מערבבים יחד את הסלסה, השעועית המחודשת והבצל.
g) מחממים מחבת גדולה ומבשלים את הבשר הטחון עד להשחמה מלאה.
h) מסננים את עודפי השומן מהמחבת.
i) מוסיפים את 4/1 החבילה הנותרת של תיבול הטאקו וכמות קטנה של מים ומבשלים כמה דקות.
j) מסירים הכל מהאש.
k) הגדר את התנור שלך ל-400 מעלות F לפני שתמשיך.
l) לאחר סיום מחזור הבצק, מוציאים את הבצק מהמכונה.
m) מחלקים את הבצק ל-2 חלקים ומניחים לשתי תבניות 12 אינץ'.
n) מורחים שכבה מתערובת השעועית על כל בצק, ואחריה שכבה של תערובת רסק העגבניות, תערובת הבקר וגבינת הצ'דר.
o) מבשלים הכל בתנור כ-10-15 דקות, הופכים באמצע זמן האפייה.

69.פיצה צמחונית מעורבת

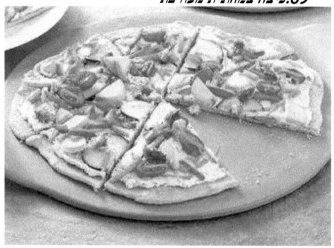

מַרכִּיב

- 1 כף שמן זית
- 1 (12 אונקיות) שקית ירקות מעורבים
- 1 (10 אונקיות) קרום פיצה אפוי מראש מחיטה מלאה
- 1 C. רוטב פיצה מוכן
- 1 גר. פפרוני פרוס
- 1 ג גבינת מוצרלה מגוררת

כיוונים

a) הגדר את התנור שלך ל-450 מעלות פרנהייט לפני שתעשה כל דבר אחר.

b) במחבת טפלון גדולה, מחממים את השמן על אש בינונית-גבוהה ומבשלים את הירקות המעורבים במשך כ-10 דקות, תוך ערבוב מדי פעם.

c) מניחים את קרום הפיצה על תבנית אפייה.

d) מורחים את רוטב הפיצה על הקרום באופן שווה ומעלים את תערובת הירקות, פפרוני וגבינת המוצרלה.

e) מבשלים הכל בתנור כ-10 דקות

70.המבורגר פיצה

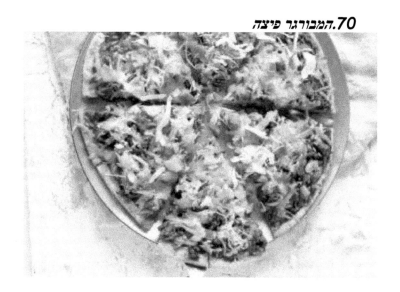

מַרְכִּיב

- 8 לחמניות המבורגר, מפוצלות
- 1 ק"ג בשר בקר טחון
- 3/1 ג' בצל קצוץ
- 1 (15 אונקיות) פחית רוטב פיצה
- 3/1 ג גבינת פרמזן מגוררת
- 4/1 2 כפיות תיבול איטלקי
- 1 כפיות אבקת שום
- 4/1 כפיות אבקת בצל
- 8/1 כפיות פתיתי פלפל אדום כתוש
- 1 כפית פפריקה
- 2 ג גבינת מוצרלה מגוררת

כיוונים

a) כוונו את התנור לפטם וסדרו את מתלה התנור במרחק של כ-6 אינץ' מגוף החימום.

b) בתבנית מסדרים את חצאי הלחמנייה, עם צד הקרום כלפי מטה ומבשלים הכל מתחת לפטם במשך כדקה.

c) כעת, הגדר את התנור ל-350 מעלות F.

d) מחממים מחבת גדולה על אש בינונית ומבשלים את הבשר כ-10 דקות.

e) מסננים את עודפי השומן מהמחבת.

f) מערבבים פנימה את הבצל ומטגנים הכל כ-5 דקות.

g) מוסיפים את הנותר מלבד גבינת המוצרלה ומביאים לרתיחה.

h) מבשלים תוך ערבוב מדי פעם במשך 10-15 דקות.

i) מסדרים את הלחמניות על תבנית עם נייר אפייה ומעליהן את תערובת הבקר וגבינת המוצרלה באופן שווה.

j) מבשלים הכל בתנור כ-10 דקות.

71.קרם פיצה

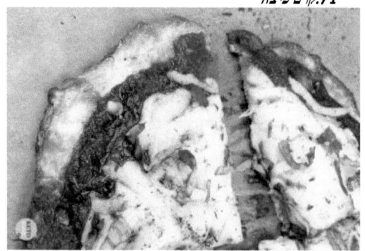

מַרכִּיב

- 1 ק"ג נקניק טחון
- 2 (12 אינץ') קרומי פיצה מוכנים
- 12 ביצים
- 4/3 ג' חלב
- מלח ופלפל לפי הטעם
- 1 קופסת (10.75 אונקיות) פחית קרם מרוכז של מרק סלרי
- 1 (3 אונקיות) חתיכות בייקון
- 1 בצל קטן, קצוץ
- 1 פלפל ירוק קטן, קצוץ
- 4 ג גבינת צ'דר מגוררת

כיוונים

a) הגדר את התנור שלך ל-400 מעלות פרנהייט לפני שתעשה כל דבר אחר.

b) מחממים מחבת גדולה על אש בינונית-גבוהה ומבשלים את הנקניק עד להשחמה מלאה.

c) מעבירים את הנקניק על צלחת מרופדת בנייר סופג לניקוז ואז מפוררים אותה.

d) בינתיים בקערה מוסיפים את החלב, הביצים, המלח והפלפל השחור וטורפים היטב.

e) באותה מחבת נקניק, טורפים את הביצים עד להתייצבות מלאה.

f) מסדרים את קליפת הפיצה הפוכה על דפי העוגיות ומבשלים הכל בתנור כ-7-5 דקות.

g) מוציאים את הקרום מהתנור והופכים את הצד הנגדי כלפי מעלה.

h) מורחים כ-2/1 קופסת מרק קרם סלרי על גבי כל קרום.

i) מניחים 2/1 מתערובת הביצים על כל קרום.

j) מניחים את חתיכות הבייקון על פיצה אחת ומעל הפיצה השנייה את הנקניק המפורר.

k) מעל כל פיצה את הבצל, הפלפלים ו-2 ג' מהגבינה.

l) מבשלים הכל בתנור, כ-25-30 דקות.

72.פיצה רומא פונטינה

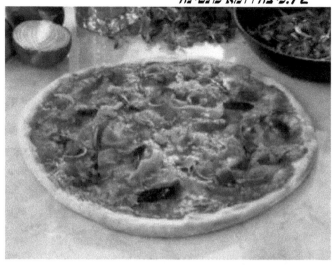

מַרְכִּיב

- 4/1 ג' שמן זית
- 1 כף שום טחון
- 2/1 כפיות מלח ים
- 8 עגבניות רומא פרוסות
- 2 (12 אינץ') קרומי פיצה אפויים מראש
- 8 אונקיות. גבינת מוצרלה מגוררת
- 4 אונקיות. גבינת פונטינה מגוררת
- 10 עלי בזיליקום טריים, מגוררים
- 2/1 צ' גבינת פרמזן טרייה מגוררת
- 2/1 ג גבינת פטה מפוררת

כיוונים

a) הגדר את התנור שלך ל-400 מעלות פרנהייט לפני שתעשה כל דבר אחר.

b) מערבבים בקערה את העגבניות, השום, השמן והמלח ושומרים בצד כ-15 דקות.

c) מצפים כל קרום פיצה בחלק ממרינדת העגבניות.

d) מעל הכל גבינות מוצרלה ופונטינה, ואחריהן עגבניות, בזיליקום, פרמזן וגבינת פטה.

174

73.פיצה עוף תרד חריף

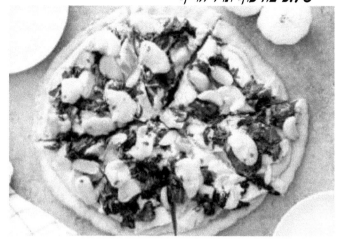

מַרְכִּיב

- 1 C. מים חמימים
- 1 כף סוכר לבן
- חבילה אחת (0.25 אונקיות) שמרים יבשים פעילים
- 2 כפות שמן צמחי
- 3 ג' קמח לכל מטרה
- 1 כפית מלח
- 6 פרוסות בייקון
- 6 כפות חמאה
- 2 שיני שום, קצוצות
- 1 2/1 C. שמנת כבדה
- 2 חלמונים
- 2/1 צ' גבינת פרמזן טרייה מגוררת
- 2/1 ג' גבינת רומנו טרייה מגוררת
- 8/1 כפיות אגוז מוסקט טחון
- 2/1 כפיות פפריקה
- 4/1 כפיות פלפל קאיין
- 4/1 כפיות כמון טחון
- 4/1 כפיות טימין מיובש מפורר
- 8/1 כפיות מלח
- 8/1 כפיות פלפל לבן גרוס
- 8/1 כפיות אבקת בצל
- 2 חצאי חזה עוף ללא עור ללא עצמות
- 1 כף שמן צמחי
- 1 ג גבינת מוצרלה מגוררת
- 2/1 ג' עלי בייבי תרד
- 3 כפות גבינת פרמזן טרייה מגוררת
- 1 עגבנייה רומא, חתוכה לקוביות

כיוונים

a) בקערת העבודה של מערבל מעמד גדול, מצויד בוו בצק, מוסיפים את המים, הסוכר, השמרים ו-2 כפות מהשמן הצמחי ומערבבים במשך מספר שניות במהירות נמוכה.
b) עוצרים את פעולת המיקסר ומוסיפים את הקמח והמלח ושוב מתחילים את המיקסר במהירות נמוכה ומערבבים עד שתערובת הקמח מתאחדת לחלוטין עם תערובת השמרים.
c) כעת, העבר את המהירות לבינונית-נמוכה ולשים את הבצק במכונה במשך כ-10 עד 12 דקות.
d) מפזרים על הבצק את הקמח מדי פעם אם הוא נדבק לדפנות הקערה.
e) מעצבים את הבצק לכדור ומניחים הכל לקערה משומנת והופכים את הבצק בקערה מספר פעמים כדי שיצפה בשמן בצורה אחידה.
f) במגבת, מכסים את הבצק ושומרים אותו במקום חמים לפחות 30 דקות עד שעה.
g) מחממים מחבת גדולה על אש בינונית-גבוהה ומבשלים את הבייקון עד להשחמה מלאה.
h) מעבירים את הבייקון על צלחת מרופדת בנייר סופג לניקוז ואז קוצצים אותו.
i) במחבת גדולה ממיסים את החמאה ועל אש בינונית ומאדים את השום כדקה.
j) מערבבים פנימה את השמנת והחלמונים ומקציפים לתערובת אחידה.
k) מערבבים פנימה כ-2/1 ג' מגבינת הפרמזן, גבינת רומנו, אגוז מוסקט ומלח ומביאים לרתיחה עדינה על אש נמוכה.
l) מבשלים תוך ערבוב מתמשך כ-3-5 דקות.
m) מסירים הכל מהאש ושומרים בצד.
n) הגדר את התנור שלך ל-350 מעלות F לפני שתמשיך.
o) מערבבים בקערה את הטימין, הכמון, הפפריקה, פלפל הקאיין, אבקת הבצל, 8/1 כפיות מהמלח והפלפל הלבן.
p) משפשפים צד אחד של כל חזה עוף בתערובת התבלינים באופן שווה.
q) במחבת, מחממים 1 כף מהשמן הצמחי על אש גבוהה וצורבים את חזה העוף, בצד המתובל, כדקה אחת לכל צד.
r) מעבירים את חזה העוף על תבנית אפייה.
s) מבשלים הכל בתנור במשך כ-5-10 דקות, או עד שהוא מוכן לחלוטין.
t) מוציאים הכל מהתנור וחותכים לפרוסות.
u) מניחים את בצק הפיצה על משטח מקומח וחוררים אותו למטה, ואז הוא מגלגל.

v)‎ מניחים את קרום הפיצה על תבנית אפייה כבדה.

w)‎ עם מזלג, לחורר כמה חורים, בקרום ולבשל הכל בתנור כ-5-7 דקות.

x)‎ מוציאים הכל מהתנור ומניחים את רוטב האלפרדו על הקרום באופן שווה, ואחריו גבינת המוצרלה, פרוסות העוף, עלי התרד, הבייקון ו-3 כפות של גבינת הפרמזן.

y)‎ מבשלים הכל בתנור כ-15-20 דקות.

z)‎ מגישים עם תוספת של עגבניות רומא קצוצות.

74.פיצה לחג הפסחא

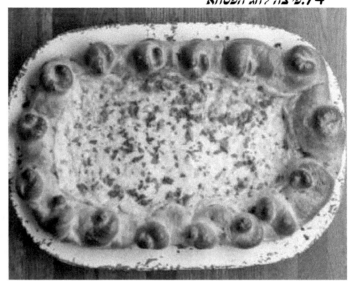

מַרְכִּיב

- 2/1 ק"ג נקניק איטלקי בתפזורת
- שמן זית
- 1 (1 ק"ג) כיכר בצק לחם קפוא, מופשר
- 2/1 ק"ג גבינת מוצרלה פרוסה
- 2/1 ק"ג בשר חזיר מבושל פרוס
- 2/1 ק"ג גבינת פרובולון פרוסה
- 2/1 ק"ג סלמי פרוס
- 2/1 ק"ג פפרוני פרוס
- 1 (16 אונקיות) גבינת ריקוטה
- 2/1 ג גבינת פרמזן מגוררת
- 8 ביצים, טרופים
- ביצה 1
- 1 כפית מים

כיוונים

a) מחממים מחבת גדולה על אש בינונית ומבשלים את הנקניקייה כ-5-8 דקות.
b) מסננים את עודפי השומן מהמחבת ומעבירים את הנקניק לקערה.
c) הגדר את התנור שלך ל-350 מעלות צלזיוס ושמן תבנית קצף בגודל 10 אינץ' בשמן הזית.
d) חותכים 3/1 מהבצק מהכיכר ושומרים בצד מתחת למגבת.
e) מעצבים את 3/2 הבצק הנותרים לכדור ומניחים על משטח מקומח ולאחר מכן מרדדים לעיגול בגודל 14 אינץ'.
f) מניחים את הבצק בתבנית הקפיצית המוכנה, ומאפשרים לבצק לתלות מעל הקצה ב-2 סנטימטרים מסביב.
g) על הקרום, מניחים מחצית מהנקניקיה המבושלת, ואחריה מחצית מגבינת המוצרלה, מחצית מבשר חזיר, מחצית מגבינת פרובולונה, מחצית מהסלמי ומחצית מכמות הפפרוני.
h) מעל הכל עם גבינת הריקוטה, ואחריה חצי מגבינת הפרמזן מעל הריקוטה, חצי מהביצים הטרופות.
i) חזור על כל השכבות פעם אחת.
j) מרדדים את חתיכת בצק הלחם שנותרה לעיגול בגודל 12 אינץ'.
k) מניחים את הנתח מעל פשטידת הפיצה ליצירת הקרום העליון ומגלגלים, ואז צובטים את הקרום התחתון מעל הקרום העליון כדי לאטום את המילוי.
l) בקערה קטנה, טורפים ביצה אחת עם מים ומצפים את החלק העליון של הפאי בשטיפת הביצים.
m) מבשלים הכל בתנור כ-50-60 דקות או עד שקיסם הננעץ במרכז הקרום יוצא נקי.

75.סופר-בול פיצה

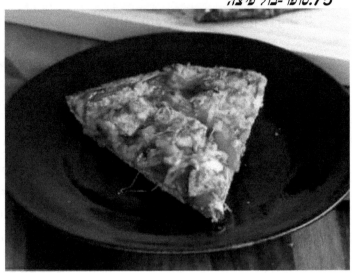

מַרכִּיב

- 3 תפוחי אדמה, משופשפים
- 6 פרוסות בייקון
- 1 (6.5 אונקיות) תערובת בצק פיצה
- 2/1 ג' מים
- 4/1 ג' שמן זית
- 1 כף חמאה, מומסת
- 4/1 כפיות אבקת שום
- 4/1 כפיות תיבול איטלקי מיובש
- 2/1 ג' שמנת חמוצה
- 2/1 C. חבישה בחווה
- 3 בצלים ירוקים, קצוצים
- 1 2/1 ג גבינת מוצרלה מגוררת
- 2/1 ג גבינת צ'דר מגוררת

כיוונים

a) הגדר את התנור שלך ל-450 מעלות פרנהייט לפני שתעשה כל דבר אחר.

b) בעזרת מזלג דוקרים את תפוחי האדמה מספר פעמים ומסדרים אותם על תבנית אפייה.

c) מבשלים הכל בתנור כ-50-60 דקות.

d) מוציאים הכל מהתנור ומצננים, ואז מקלפים אותם.

e) מחממים מחבת גדולה על אש בינונית-גבוהה ומבשלים את הבייקון כ-10 דקות.

f) מעבירים את הבייקון על צלחת מרופדת בנייר סופג לניקוז ואז מפוררים אותו.

g) כעת, כוונו את התנור ל-400 מעלות פרנהייט ושמן קלות תבנית פיצה.

h) בקערה גדולה, מוסיפים את תערובת פיצה, שמן ומים ובעזרת מזלג מערבבים עד לקבלת תערובת אחידה.

i) מניחים את הבצק על משטח מקומח קלות ולשים כ-8 דקות.

j) שומרים בצד כ-5 דקות.

k) מעצבים את הבצק לעיגול שטוח ומסדרים אותו בתבנית הפיצה המוכנה, מניחים לבצק לתלות מעט מעבר לקצה.

l) מבשלים הכל בתנור כ-5-6 דקות.

m) בקערה גדולה מערבבים יחד את תפוחי האדמה, החמאה, אבקת השום והתיבול האיטלקי.

n) בקערה קטנה מערבבים יחד את השמנת החמוצה ורוטב החווה.

o) מניחים את תערובת השמנת החמוצה על הקרום בצורה שווה ומעליה את תערובת תפוחי האדמה, ואחריה הבייקון, הבצל, גבינת המוצרלה וגבינת הצ'דר.

p) מבשלים הכל בתנור כ-15-20 דקות.

76.פיצה שטוחה

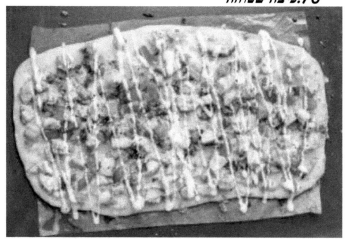

מַרְכִּיב

- 1 כף שמן זית
- 6 פטריות קרימיני, פרוסות
- 3 שיני שום, קצוצות
- 1 קורט מלח ופלפל שחור גרוס
- 1 כף שמן זית
- 8 חניתות אספרגוס טרי, קצוץ וחתוך לחתיכות של 2 אינץ'
- 2/1 ק"ג בייקון מעושן באפלווד, חתוך לחתיכות של 2 אינץ'
- 1 (12 אינץ') קרום פיצה שטוח מוכן
- 4/3 C. רוטב מרינרה מוכן
- 2/1 ג גבינת מוצרלה מגוררת
- 2/1 צ' גבינת אסיאגו מגוררת

כיוונים

a) כוונו את התנור ל-400 מעלות צלזיוס לפני שאתם עושים כל דבר אחר ומרפדים תבנית בנייר אפייה בנייר כסף.
b) במחבת גדולה מחממים 1 כף שמן על אש בינונית ומאדים את הפטריות, השום, המלח והפלפל השחור כ-10 דקות.
c) מסירים הכל מהאש ושומרים בצד.
d) במחבת גדולה נוספת מחממים 1 כף שמן על אש בינונית-גבוהה ומבשלים את האספרגוס כ-8 דקות תוך כדי ערבוב מדי פעם.
e) מעבירים את האספרגוס לקערה.
f) מנמיכים את האש לבינונית, ובאותה מחבת מבשלים את הבייקון כ-10 דקות.
g) מעבירים את הבייקון על צלחת מרופדת בנייר סופג לניקוז.
h) מסדרים את קרום הלחם השטוח על תבנית האפייה המוכנה.
i) מניחים את רוטב המרינרה על הקרום באופן שווה, ואחריו את תערובת הפטריות, האספרגוס, הבייקון, גבינת המוצרלה וגבינת אסיאגו.
j) מבשלים הכל בתנור כ-12-15 דקות.

77.פיצה מוקדם בבוקר

מַרְכִּיב

- 1 ק"ג נקניק חזיר טחון
- חבילה אחת (8 אונקיות) בצק גליל סהר בקירור, או לפי הצורך
- 8 אונקיות. גבינת צ'דר עדינה, מגוררת
- 6 ביצים
- 2/1 ג' חלב
- 2/1 כפיות מלח
- פלפל שחור גרוס לפי הטעם

כיוונים

a) הגדר את התנור שלך ל-425 מעלות פרנהייט לפני שתעשה כל דבר אחר.
b) מחממים מחבת גדולה על אש בינונית ומבשלים את הבשר עד להשחמה מלאה.
c) מסננים את עודפי השומן מהמחבת.
d) מניחים את בצק גליל הסהר על תבנית אפייה משומנת בגודל 13x9 אינץ'.
e) מניחים את הנקניק וגבינת הצ'דר על בצק גליל הסהר בצורה אחידה.
f) בניילון, מכסים את תבנית האפייה ומכניסים למקרר למשך כ-8 שעות עד ללילה.
g) הגדר את התנור שלך ל-350 מעלות F.
h) בקערה מוסיפים את הביצים, החלב, המלח והפלפל השחור וטורפים היטב.
i) מניחים את תערובת הביצים על הנקניק והגבינה בתבנית האפייה באופן שווה.
j) עם מעט נייר כסף, מכסים את תבנית האפייה ומבשלים הכל בתנור כ-20 דקות.
k) בעת, הגדר את התנור ל-325 מעלות F לפני שתמשיך.
l) חושפים את תבנית האפייה ומבשלים הכל בתנור כ-15-25 דקות.

Backroad Pizza. 78

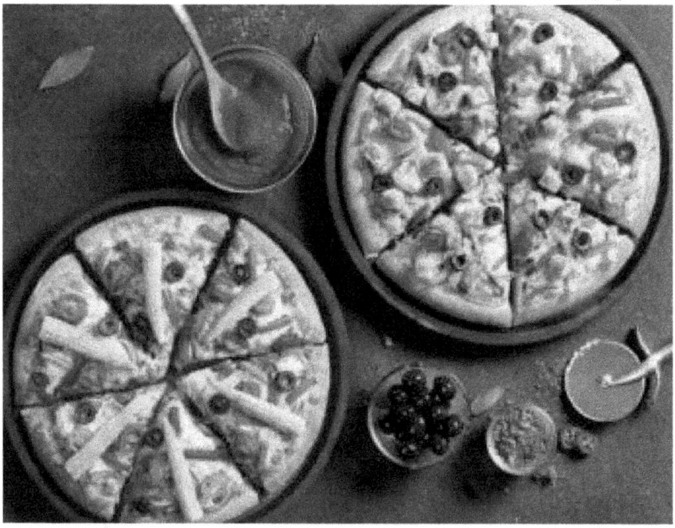

מַרְכִּיב

- 1 ק"ג בשר בקר טחון
- 1 (10.75 אונקיות) פחית מרובזת שמנת מרק פטריות, לא מדוללת
- 1 (12 אינץ') קרום פיצה דק אפוי מראש
- חבילה אחת (8 אונקיות) גבינת צ'דר מגוררת

כיוונים

a) הגדר את התנור שלך ל-425 מעלות פרנהייט לפני שתעשה כל דבר אחר.
b) מחממים מחבת גדולה על אש בינונית ומבשלים את הבשר עד להשחמה מלאה.
c) מסננים את עודפי השומן מהמחבת.
d) מניחים את מרק הפטריות על גבי קליפת הפיצה באופן שווה ומעליו את בשר הבקר המבושל, ואחריו הגבינה.
e) מבשלים הכל בתנור כ-15 דקות.

79.פיצות ידידותיות לילדים

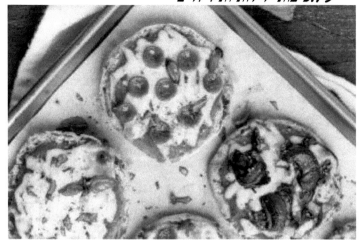

מַרכִּיב

- 1 ק"ג בשר בקר טחון
- 1 ק"ג נקניק חזיר טרי וטחון
- 1 בצל, קצוץ
- 10 אונקיות. גבינה אמריקאית מעובדת, חתוכה לקוביות
- 32 אונקיות. לחם שיפון קוקטייל

כיוונים

a) הגדר את התנור שלך ל-350 מעלות F לפני שתעשה כל דבר אחר.
b) מחממים מחבת גדולה ומבשלים את הנקניק והבקר עד להשחמה מלאה.
c) מוסיפים את הבצל ומטגנים עד לריכוך ומרוקנים את עודפי השומן מהמחבת.
d) מערבבים פנימה את מזון הגבינה המעובדת ומבשלים עד שהגבינה נמסה.
e) על תבנית מניחים את פרוסות הלחם ומעל כל פרוסה כף גדושה מתערובת הבקר.
f) מבשלים הכל בתנור כ-12-15 דקות.

80.פיצה בסגנון פנסילבניה.

מַרְכִּיב

- 1 (1 ק"ג) כיכר בצק קפוא מחיטה מלאה, מופשר
- 2/1 ג' אלף אי הלבשה
- 2 ג גבינה שוויצרית מגוררת
- 6 אונקיות. מעדניה פרוס קורנביף, חתוך לרצועות
- 1 C. כרוב כבוש - שטוף ומרוקן
- 2/1 כפיות זרעי קימל
- 4/1 C. חמוצים שמיר קצוצים (לא חובה)

כיוונים

a) הגדר את התנור שלך ל-375 מעלות פרנהייט לפני שתעשה כל דבר אחר ושמן תבנית פיצה.

b) על משטח מקומח קלות, מרדדים את בצק הלחם לעיגול גדול בקוטר של כ-14 ס"מ.

c) מניחים את הבצק על תבנית הפיצה המוכנה וצובטים את השוליים.

d) מבשלים הכל בתנור כ-20-25 דקות.

e) מוציאים הכל מהתנור ומעליו את מחצית הרוטב לסלט באופן שווה, ואחריו מחצית מהגבינה השוויצרית, קורנביף, רוטב הסלט הנותר, כרוב כבוש ושארית הגבינה השוויצרית.

f) מעל עם זרעי הקימל בצורה אחידה.

g) מבשלים הכל בתנור כ-10 דקות.

h) מוציאים הכל מהתנור ומעליו את המלפפון החמוץ הקצוץ.

81.פיצה חלבית

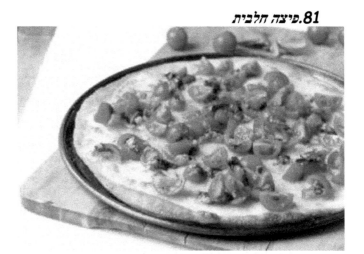

מַרְכִּיב

- 1 ק"ג בשר בקר טחון
- 4/1 ק"ג נקניק פפרוני פרוס
- 1 (14 אונקיות) פחית רוטב פיצה
- 2 (12 אונקיות) חבילות בצק ביסקוויטים מחלב חמאה בקירור
- 2/1 בצל, פרוס ומופרד לטבעות
- 1 (10 אונקיות) קופסת זיתים שחורים פרוסים
- 1 (4.5 אונקיות) פחית פטריות פרוסות
- 2/1 1 ג גבינת מוצרלה מגוררת
- 1 ג גבינת צ'דר מגוררת

כיוונים

a) הגדר את התנור שלך ל-400 מעלות פרנהייט לפני שתעשה כל דבר אחר ושמן תבנית אפייה בגודל 13x9 אינץ'.

b) מחממים מחבת גדולה על אש בינונית-גבוהה ומבשלים את הבשר עד להשחמה מלאה.

c) מוסיפים את הפפרוני ומבשלים עד להשחמה ומרוקנים את עודפי השומן מהמחבת.

d) מערבבים את רוטב הפיצה ומסירים הכל מהאש.

e) חותכים כל ביסקוויט לרבעים ומסדרים בתבנית האפייה המוכנה.

f) מניחים את תערובת הבקר על הביסקוויטים בצורה אחידה ומעליהם בצל, זיתים ופטריות.

g) מבשלים הכל בתנור כ-20-25 דקות.

82.פיצה ווסטרשייר

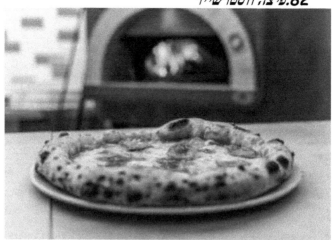

מַרְכִּיב

- 2/1 ק"ג בשר בקר רזה
- 2/1 ג' פפרוני חתוך לקוביות
- 1 4/1 C. רוטב פיצה
- 1 ג גבינת פטה מפוררת
- 2/1 כפיות רוטב ווסטרשייר
- 2/1 כפיות רוטב פלפל חריף
- מלח ופלפל שחור גרוס לפי הטעם
- ספריי בישול
- 1 (10 אונקיות) קופסת בצק ביסקוויטים בקירור
- 1 חלמון ביצה
- 1 ג גבינת מוצרלה מגוררת

כיוונים

a) הגדר את התנור שלך ל-375 מעלות צלזיוס לפני שתעשה כל דבר אחר ושמן תבנית עוגייה.

b) מחממים מחבת גדולה על אש בינונית-גבוהה ומבשלים את הבשר עד להשחמה מלאה.

c) מסננים את עודפי השומן מהמחבת ומנמיכים את האש לבינונית.

d) מערבבים פנימה את רוטב הפיצה, פפרוני, פטה, רוטב פלפל חריף, רוטב ווסטרשייר, מלח ופלפל ומטגנים תוך ערבוב כדקה.

e) מפרידים את הביסקוויטים ומסדרים על תבנית מוכנה במרחק של כ-3 סנטימטרים זה מזה.

f) עם תחתית הכוס, לחץ על כל ביסקוויט כדי ליצור ביסקוויט עגול בגודל 4 אינץ' עם שפה בגודל 2/1 אינץ' מסביב לקצה החיצוני.

g) בקערה קטנה מוסיפים את החלמון ו-4/1 כפיות מהמים וטורפים היטב.

h) מניחים כ-4/1 ג' מתערובת הבקר בכל גביע ביסקוויט ומעל גבינת המוצרלה.

i) מבשלים הכל בתנור כ-15-20 דקות.

BBQ.83 ביף פיצה

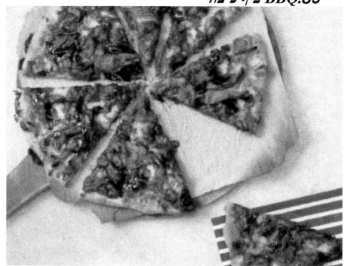

מַרכִּיב

- חבילה אחת (12 אונקיות) נקניקיית בקר, חתוכה לפרוסות בגודל 4/1 אינץ'.
- 2 (14 אונקיות) אריזות בגודל 12 אינץ' קרום פיצה איטלקי
- 3/2 ג' רוטב ברביקיו מוכן
- 1 ג' בצל אדום פרוס דק
- 1 פלפל ירוק, מזרעים, חתוך לרצועות דקות
- 2 ג גבינת מוצרלה מגוררת

כיוונים

a) הגדר את התנור שלך ל-425 מעלות פרנהייט לפני שתעשה כל דבר אחר.

b) מסדרים את קרום הפיצה על 2 ניירות אפייה.

c) מורחים את רוטב הברביקיו על כל קרום באופן שווה, ואחריו נקניק, בצל אדום, פלפל וגבינת מוצרלה.

d) מבשלים הכל בתנור כ-20 דקות.

84.פיצה ריגטוני

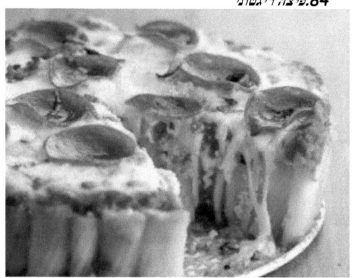

מַרְכִּיב

- 1 2/1 ק"ג בשר בקר טחון
- 1 (8 אונקיות) פסטה ריגטוני
- חבילה אחת (16 אונקיות) גבינת מוצרלה מגוררת
- 1 (10.75 אונקיות) פחית מרוכזת שמנת של מרק עגבניות
- 2 (14 אונקיות) צנצנות רוטב פיצה
- חבילה אחת (8 אונקיות) נקניק פפרוני פרוס

כיוונים

a) במחבת גדולה של מים רותחים מומלחים קלות מבשלים את הפסטה כ--8 10 דקות.

b) מסננים היטב ושומרים בצד.

c) בינתיים, מחממים מחבת גדולה על אש בינונית-גבוהה ומבשלים את הבשר עד להשחמה מלאה.

d) מסננים את עודפי השומן מהמחבת.

e) בסיר לבישול איטי מניחים את בשר הבקר, ואחריו הפסטה, הגבינה, המרק, הרוטב ונקניקיית הפפרוני.

f) כוונו את התנור האיטי על Low ומבשלים, מכוסה כ-4 שעות.

85.פיצה בסגנון מקסיקני

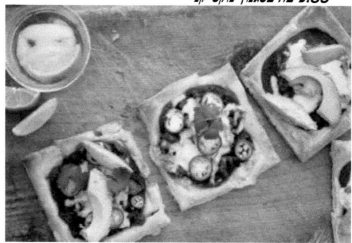

מַרְכִּיב

- 1 ק"ג בשר בקר טחון
- 1 בצל, קצוץ
- 2 עגבניות בינוניות, קצוצות
- 2/1 כפיות מלח ו-4/1 כפיות פלפל
- 2 כפיות אבקת צ'ילי ו-1 כף כמון טחון
- 1 (30 אונקיות) קופסת שעועית מחודשת
- 14 (12 אינץ') טורטיות קמח
- 2 C. שמנת חמוצה
- 1 4/1 ק"ג גבינת קולבי מגוררת
- 1 2/1 ק"ג גבינת מונטריי ג'ק מגוררת
- 2 פלפלים אדומים, מזרעים ופרוסים דק
- 4 פלפלים ירוקים, מזרעים ופרוסים דק
- פחית צ'ילי ירוק חתוך לקוביות, סחוט ו-3 עגבניות קצוצות
- 1 2/1 C. בשר עוף מבושל מגורר
- 4/1 C. חמאה, מומסת
- 1 (16 אונקיות) צנצנת רוטב פיקנטה

כיוונים

a) הגדר את התנור שלך ל-350 מעלות פרנהייט לפני שתעשה כל דבר אחר ושמן תבנית ג'לירול בגודל 15x10 אינץ'.

b) מחממים מחבת גדולה על אש בינונית ומבשלים את הבשר עד להשחמה מלאה.

c) מסננים את עודפי השומן מהמחבת.

d) מוסיפים את הבצל ו-2 העגבניות ומטגנים עד לריכוך.

e) מערבבים פנימה את השעועית המחודשת, אבקת הצ'ילי, הכמון, המלח והפלפל ומבשלים עד לחימום מלא.

f) מסדרים 6 מהטורטיות על התבנית המוכנה כשהשוליים הולכים היטב על דפנות התבנית.

g) מורחים את תערובת השעועית על הטורטיות באופן שווה, ואחריה מחצית מהשמנת החמוצה, 3/1 מגבינת קולבי, 3/1 מגבינת מונטריי ג'ק, 1 כף מהצ'ילי הירוק, 3/1 מרצועות הפלפל הירוק, ו-3/1 מרצועות הפלפל האדום ו-3/1 מהעגבנייה הקצוצה.

h) מניחים 4 טורטיות מעל התוספות, ומעלים את השמנת החמוצה שנותרה, ואחריהן את העוף המגורר, 3/1 משתי הגבינות, פלפל אדום וירוק, צ'ילי ועגבניות.

i) כעת, מניחים 4 טורטיות, ואחריהן את שאר הגבינות, הפלפלים, העגבניות, הצ'ילי, ומסיימים עם חלק מהגבינה המגוררת למעלה.

j) מקפלים את הקצוות התלויים פנימה, ומהדקים בעזרת הקיסמים.

k) מברישים את משטחי הטורטייה בחמאה המומסת.

l) מבשלים הכל בתנור כ-35-45 דקות.

m) מסירים את הקיסמים ושומרים בצד לפחות 5 דקות לפני שפורסים.

n) מגישים עם תוספת של רוטב הפיקנטה.

86.פיצה ים - תיכונית

מַרְכִּיב

- 2 עגבניות, מזרעות וקצוצות גס
- 1 כפית מלח
- 8 אונקיות. גבינת מוצרלה מגוררת
- 1 בצל אדום, קצוץ גס
- 4/1 ג' בזיליקום טרי קצוץ
- 2/1 כפיות פלפל שחור גרוס
- 2 כפות שמן זית
- 3 פלפלי ג'לפנו טריים, קצוצים
- 2/1 ג' זיתים שחורים פרוסים
- 2/1 ג' פטריות טריות פרוסות
- 2/1 צ' רוטב פיצה
- 2 (12 אינץ') קרומי פיצה אפויים מראש
- 8 אונקיות. גבינת מוצרלה מגוררת
- 4/1 צ' גבינת פרמזן מגוררת

כיוונים

a) הגדר את התנור שלך ל-450 מעלות F.
b) במסננת רשת מוסיפים את העגבניות ומפזרים את המלח בצורה אחידה.
c) שמור הכל בביור כ-15 דקות כדי להתנקז.
d) בקערה גדולה, מערבבים יחד את 8 oz. של המוצרלה, עגבניות סחוטות, פטריות, זיתים, בצל, פלפל ג'לפניו, בזיליקום ושמן.
e) מניחים את רוטב העגבניות על שני הקרום באופן שווה ומעלים את תערובת העגבניות, ואחריה את יתרת המוצרלה וגבינת הפרמזן.
f) מבשלים הכל בתנור כ-8-10 דקות.

87.כל פיצה פלפלים ובצל

מַרְכִּיב

- 8 אונקיות. נקניק חזיר טחון
- 5 ביצים טרופות קלות
- 1 (12 אינץ') קרום פיצה מוכן
- 1 גבינת ריקוטה
- 4/1 ג' בצל אדום קצוץ
- 4/1 C. עגבנייה טרייה קצוצה
- 4/1 ג' פלפל אדום קצוץ
- 4/1 ג' פלפל ירוק קצוץ
- 8 אונקיות. גבינת מוצרלה מגוררת

כיוונים

a) הגדר את התנור שלך ל-375 מעלות F לפני שתעשה כל דבר אחר.

b) מחממים מחבת גדולה על אש בינונית-גבוהה ומבשלים את הנקניק עד להשחמה מלאה.

c) מסננים את עודפי השומן מהמחבת ומוסיפים את הביצים, ואז מבשלים עד שהביצים מתייצבות לחלוטין.

d) מסדרים את קרום הפיצה על תבנית פיצה ומעליהם את גבינת הריקוטה, ומשאירים את הקצוות החיצוניים.

e) מניחים את תערובת הנקניקיות מעל גבינת הריקוטה, ואחריה את הבצל, העגבנייה, הפלפל האדום והפלפל הירוק והמוצרלה.

f) מבשלים הכל בתנור כ-15 דקות.

88.אוהב פיצה

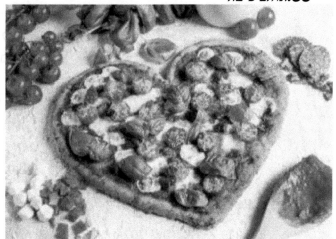

מַרְכִּיב

- 3 ג קמח לחם
- 1 (0.25 אונקיות) שמרים יבשים פעילים במעטפה
- 1 4/1 C. מים חמימים
- 3 כפות שמן זית כתית מעולה, מחולק
- 3 כפות רוזמרין טרי קצוץ
- 1 (14 אונקיות) פחית רוטב פיצה
- 3 ג גבינת מוצרלה מגוררת
- 2 עגבניות בשלות, פרוסות
- 1 זוקיני, פרוס
- 15 פרוסות פפרוני צמחוני
- 1 (2.25 אונקיות) קופסת זיתים שחורים פרוסים

כיוונים

a) במכונת לחם מוסיפים את הקמח, השמרים, המים ו-2 כפות שמן הזית לפי הסדר המומלץ על ידי היצרן.

b) בחר את הגדרת הבצק ולחץ על התחל.

c) בסיום המחזור יש ללוש רוזמרין לתוך הבצק.

d) הגדר את התנור שלך ל-400 מעלות F.

e) מחלקים את הבצק לשלושה חלקים שווים בגודלם.

f) מעצבים כל חלק בצק לצורת לב בעובי של כ-2/1 ס"מ ומצפים כל חלק בשמן הזית הנותר.

g) מורחים שכבה דקה של רוטב פיצה על כל פיצה בצורה שווה ומעליה את הגבינה, ואחריה העגבניות, הקישואים, הפפרוני והזיתים.

h) מבשלים הכל בתנור כ-15-20 דקות.

89.פיצה טופו תפוחי אדמה

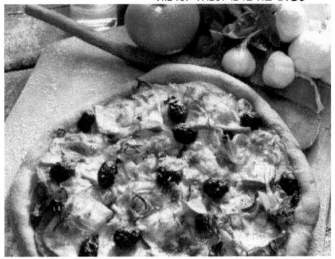

מַרְכִּיב

- 4 תפוחי אדמה, מגוררים
- 1 בצל בינוני, מגורר
- 2 ביצים, טרופים
- 4/1 ג' קמח לכל מטרה
- 2 כפות שמן זית
- 1 זוקיני, פרוס דק
- 1 דלעת צהובה, פרוסה דק
- 1 פלפל ירוק, קצוץ
- 1 בצל, פרוס דק
- 2 שיני שום, קצוצות
- 6 אונקיות. טופו יציב, מפורר
- 2 עגבניות, פרוסות
- 2 כפות בזיליקום טרי קצוץ
- 2/1 C. רוטב עגבניות
- 1 ג גבינת מוצרלה מגוררת ללא שומן

כיוונים

a) הגדר את התנור שלך ל-425 מעלות פרנהייט לפני שתעשה כל דבר אחר ושמן תבנית אפייה בגודל 12 אינץ'.

b) בקערה גדולה מערבבים יחד את הבצל המגורר, תפוחי האדמה, הקמח והביצה ומניחים את התערובת בתבנית האפייה המוכנה בלחיצה עדינה.

c) מבשלים הכל בתנור כ-15 דקות.

d) מצפים את החלק העליון של קרום תפוחי האדמה בשמן ומבשלים הכל בתנור כ-10 דקות.

e) כעת, מניחים את הקרום מתחת לפטם ומבשלים כ-3 דקות.

f) מוציאים את הקרום מהתנור.

g) שוב כוונו את התנור ל-425 מעלות F לפני שממשיכים.

h) בקערה גדולה מערבבים יחד את הטופו, הפלפל הירוק, הדלעת הצהובה, הקישואים, הבצל הפרוס והשום.

i) מחממים מחבת טפלון גדולה ומקפיצים את תערובת הטופו עד שהירקות מתרככים.

j) בקערה קטנה מערבבים יחד את הבזיליקום ורוטב העגבניות.

k) מניחים מחצית מרוטב העגבניות על הקרום באופן שווה ומעליהם את הירקות המבושלים ופרוסות העגבניות.

l) מורחים מעל את יתרת הרוטב בצורה אחידה ומפזרים את הגבינה.

m) מבשלים הכל בתנור כ-7 דקות.

214

90.פיצה יוונית

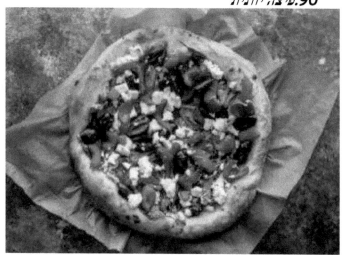

מַרְכִּיב

- 1 כף שמן זית
- 2/1 ג' בצל חתוך לקוביות
- 2 שיני שום, קצוצות
- 2/1 (10 אונקיות) חבילה תרד קצוץ קפוא, מופשר וסחוט יבש
- 4/1 ג' בזיליקום טרי קצוץ
- 2 4/1 כפיות מיץ לימון
- 1 2/1 כפיות אורגנו מיובש
- פלפל שחור גרוס לפי הטעם
- חבילה אחת (14 אונקיות) קרום פיצה בקירור
- 1 כף שמן זית
- 1 ג גבינת מוצרלה מגוררת
- 1 עגבנייה גדולה, פרוסה דק
- 3/1 ג' פירורי לחם מתובלים
- 1 ג גבינת מוצרלה מגוררת
- 4/3 ג גבינת פטה מפוררת

כיוונים

a) הגדר את התנור שלך ל-400 מעלות פרנהייט לפני שתעשה כל דבר אחר.
b) במחבת גדולה מחממים 1 כף שמן ומטגנים את הבצל והשום כ-5 דקות.
c) מוסיפים את התרד ומבשלים כ-5-7 דקות.
d) מסירים הכל מהאש ומיד מערבבים פנימה את האורגנו, הבזיליקום, מיץ הלימון והפלפל ושומרים בצד להתקרר מעט.
e) מגלגלים את בצק הפיצה על תבנית גדולה ומצפים הכל ב-1 כפות שמן הזית הנותרות.
f) מניחים את תערובת התרד על הבצק, ומשאירים גבול קטן בשוליים.
g) מניחים את 1 C. גבינת המוצרלה מעל התרד.
h) מערבבים בקערה את פירורי הלחם ופרוסות העגבנייה עד לציפוי מלא.
i) מניחים את פרוסות העגבניות מעל גבינת המוצרלה, ואחריהן את 1 C. הנותרים של גבינת מוצרלה וגבינת פטה.
j) מבשלים הכל בתנור כ-15 דקות.

91.סלט פיצה

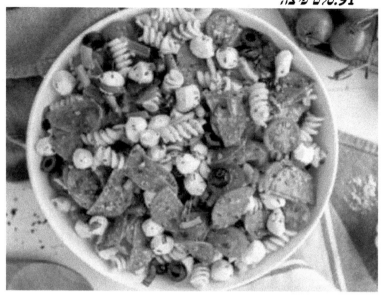

מַרכִּיב

קרום

- 1 4/3 C. קמח לכל מטרה
- 1 מעטפה פיצה קראסט שמרים
- 1 2/1 כפיות סוכר
- 4/3 כפיות מלח
- 3/2 C. מים חמים מאוד
- 3 כפות שמן זית כתית מעולה

תוספות

- 1 כף שמן זית כתית מעולה
- 4/1 כפיות אבקת שום
- 2 ג גבינת מוצרלה מגוררת
- 4/1 ג' בצל קצוץ
- 4/1 ג' גזר קצוץ או פרוס דק
- 4 C. חסה רומנית קצוצה
- 1 ג' עגבניות טריות קצוצות
- 4/1 C. רוטב סלט איטלקי מוכן
- 4/1 ג גבינת פרמזן מגוררת

כיוונים

a) הגדר את התנור שלך ל-425 מעלות פרנהייט לפני שתעשה כל דבר אחר וסדר את המתלה בשליש התחתון של התנור.

b) משמנים תבנית פיצה.

c) לקבלת הקרום בקערה גדולה, מוסיפים את הקמח, הסוכר, השמרים, השמן והמים החמים ומערבבים עד לקבלת תערובת אחידה.

d) לאט לאט, מוסיפים את יתרת הקמח ומערבבים עד שנוצר בצק מעט דביק.

e) מניחים את הבצק על משטח מקומח ולשים אותו עד שהבצק הופך אלסטי

f) מניחים את הבצק על תבנית הפיצה המוכנה ומהדקים אותו.

g) עם האצבעות, צובטים את הקצוות כדי ליצור את השפה.

h) מצפים את הקרום ב-1 כף מהשמן ומפזרים אבקת שום.

i) מערבבים בקערה את הגזר, הבצל וגבינת המוצרלה.

j) משטחים את הקרום בתערובת הגזר בצורה אחידה ומבשלים הכל בתנור כ-18-15 דקות.

k) בינתיים בקערה מערבבים יחד את הנותר.

l) מוציאים הכל מהתנור ושומרים בצד לצינון כ-2-3 דקות.

m) מעל הפיצה את תערובת גבינת הפרמזן ומגישים מיד.

92.קינוח פיצה

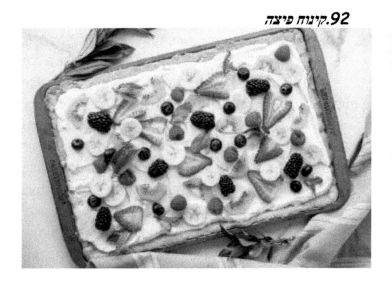

מַרְכִּיב

- 1 2/1 C. קמח לכל מטרה
- 2 כפיות סודה לשתייה
- 1 כפית מלח
- 2 3/1 C. שיבולת שועל מגולגלת
- 1 ג' חמאה
- 1 2/1 ג' סוכר חום ארוז
- 2 ביצים
- 2/1 כפיות תמצית וניל
- 1 2/1 C. קוקוס מגורר
- 2 ג' שוקולד צ'יפס חצי מתוק
- 2/1 ג' אגוזי מלך קצוצים
- 1 C. חתיכות שוקולד מצופות סוכריות
- 1 ג בוטנים

כיוונים

a) הגדר את התנור שלך ל-350 מעלות פרנהייט לפני שתעשה כל דבר אחר ושמן 2 תבניות פיצה (10 אינץ').
b) בקערה גדולה מערבבים יחד את הקמח, הסודה לשתייה והמלח.
c) בקערה אחרת מוסיפים את החמאה, הביצים, הסוכר החום והוניל ומקציפים עד לקבלת מרקם חלק.
d) מוסיפים את תערובת הקמח לתערובת החמאה ומערבבים הכל עד שהכל מתאחד היטב.
e) מקפלים פנימה את האגוזים ו-2/1 ג' מהקוקוס.
f) מחלקים את הבצק ל-2 חלקים ומניחים כל חלק בתבנית הפיצה המוכנה, מהדקים הכל לעיגולים בגודל 10 אינץ'.
g) מבשלים הכל בתנור כ-10 דקות.
h) מוציאים הכל מהתנור ומעל הכל את שאר הקוקוס, השוקולד צ'יפס, הסוכריות והבוטנים.
i) מבשלים הכל בתנור כ-5-10 דקות.

93.פיקניק מיני פיצות

מַרְכִּיב

- 2/1 ק"ג נקניק איטלקי טחון
- 2/1 כפיות מלח שום
- 4/1 כפיות אורגנו מיובש
- 1 ג אננס כתוש, מסונן
- 4 מאפינס אנגליים, מפוצלים
- 1 (6 אונקיות) פחית רסק עגבניות
- חבילה אחת (8 אונקיות) גבינת מוצרלה מגוררת

כיוונים

a) הגדר את התנור שלך ל-350 מעלות צלזיוס לפני שתעשה כל דבר אחר ושמן קלות תבנית אפייה.

b) מחממים מחבת גדולה על אש בינונית-גבוהה ומבשלים את הנקניק האיטלקי עד להשחמה מלאה.

c) מסננים את עודפי השומן ומעבירים את הנקניק לקערה.

d) מוסיפים את האננס, השום, האורגנו והמלח ומערבבים היטב.

e) מניחים את חצאי המאפינס האנגלים על תבנית האפייה המוכנה בשכבה אחת.

f) מורחים על חצאי המאפינס רוטב עגבניות ומעליהם את תערובת הנקניקיות וגבינת המוצרלה.

g) מבשלים הכל בתנור כ-10-15 דקות.

94.פיצה אגוז טרופית

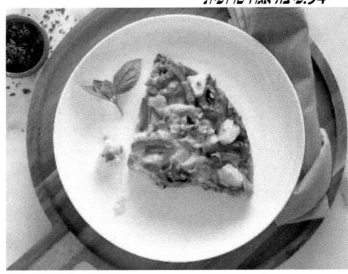

מַרְכִּיב

- 1 קרום פיצה מוכן
- 1 כף שמן זית
- 1 (13.5 אונקיות) גבינת שמנת בטעם פירות
- 1 (26 oz.) צנצנת פרוסות מנגו, מסוננים וקצוצים
- 2/1 ג' אגוזי מלך קצוצים

כיוונים

a) מבשלים את קרום הפיצה בתנור לפי החבילה.

b) מצפים את הקרום בשמן בצורה אחידה.

c) מורחים את גבינת השמנת על הקרום ומעלים את המנגו הקצוצים והאגוזים.

d) חותכים לפרוסה הרצויה ומגישים.

95.פיצה עוף חמוציות

מַרְכִּיב

- 2 חצאי חזה עוף ללא עור, חתוכים לחתיכות בגודל ביס
- 1 כף שמן צמחי
- 1 (12 אינץ') קרום פיצה מוכן
- 1 2/1 C. רוטב חמוציות
- 6 אונקיות. גבינת ברי, קצוצה
- 8 אונקיות. גבינת מוצרלה מגוררת

כיוונים

a) הגדר את התנור שלך ל-350 מעלות F
b) במחבת, מחממים את השמן ומטגנים תוך ערבוב את העוף עד שהוא מוכן לחלוטין.
c) מורחים את רוטב החמוציות על קרום הפיצה המוכן ומעליהם את העוף, ואחריו הברי והמוצרלה.
d) מבשלים הכל בתנור כ-20 דקות.

96.פיצה מתוקה ומלוחה

מַרְכִּיב

- 1 ג מים פושרים
- 1 (0.25 אונקיות) שמרים יבשים פעילים במעטפה
- 3 ג' קמח לכל מטרה
- 1 כפית שמן צמחי
- 1 כפית מלח
- 8 תאנים מיובשות
- 1 בצל אדום בינוני, פרוס דק
- 1 כף שמן זית
- 1 קורט מלח
- 1 כפית טימין מיובש
- 1 כפית זרעי שומר
- 4 אונקיות. גבינת עזים
- 1 כף שמן זית, או לפי הצורך

כיוונים

a) בקערה גדולה מוסיפים את המים ומפזרים מעל את השמרים.

b) שמור הכל בצד לכמה דקות או עד שהוא נמס לחלוטין.

c) מוסיפים את הקמח, המלח והשמן ומערבבים עד שנוצר בצק יציב.

d) מניחים את הבצק על משטח מקומח ולשים כ-5 דקות.

e) מעבירים את הבצק לקערה משומנת ומכסים במגבת מטבח.

f) שומרים הכל בצד כ-45 דקות.

g) בקערת מים רותחים מוסיפים את התאנים ושומרים בצד כ-10 דקות.

h) מסננים את התאנים ואז קוצצים אותן.

i) בינתיים במחבת מחממים 1 כף שמן על אש בינונית ומטגנים את הבצל עד לריכוך.

j) מנמיכים את האש לנמוכה ומתבלים במלח.

k) מטגנים תוך ערבוב כ-5-10 דקות נוספות.

l) מערבבים פנימה את התאנים, התימין וזרעי השומר ומסירים הכל מהאש.

m) הגדר את התנור שלך ל-450 מעלות צלזיוס ושמן קלות תבנית פיצה.

n) מחוררים את בצק הפיצה ומורחים לעיגול בעובי 4/1 אינץ'.

o) מניחים את הבצק על תבנית הפיצה המוכנה ומברישים קלות את פני השטח בשמן הזית הנותר.

p) מורחים את תערובת התאנים על הקרום באופן שווה ומעל הכל עם גבינת העיזים בצורת נקודות.

q) מבשלים הכל בתנור כ-15-18 דקות.

97.**פיצה דיז'ון סתווית**

מַרְכִּיב

- 1 קרום פיצה אפוי מראש
- 2 שיני שום, קצוצות
- 1 כף חרדל דיז'ון
- 2 ענפי רוזמרין טרי, קצוץ
- 4/1 C. חומץ יין לבן
- 2/1 ג' שמן זית
- 4/1 צ' גבינה כחולה מפוררת
- מלח ופלפל לפי הטעם
- 4/1 צ' גבינה כחולה מפוררת
- 3/1 ג גבינת מוצרלה מגוררת
- 2 אגסים - קלופים, מגורעים וחתוכים לפרוסות
- 4/1 C. חתיכות אגוז קלויות

כיוונים

a) הגדר את התנור שלך ל-425 מעלות פרנהייט לפני שתעשה כל דבר אחר
b) בתבנית פיצה מניחים את קרום הפיצה.
c) מבשלים הכל בתנור כ-5 דקות.
d) מוציאים הכל מהתנור ושומרים בצד להתקררות מלאה.
e) במעבד מזון, מוסיפים את השום, חרדל דיז'ון רוזמרין וחומץ ומקציפים עד לאיחוד.
f) בזמן שהמנוע פועל, מוסיפים לאט את השמן ומקציפים עד לקבלת תערובת חלקה.
g) מוסיפים כ-4/1 ג' מהגבינה הכחולה, מלח ופלפל ומקציפים עד לאיחוד.
h) מורחים את הוויניגרט על גבי קליפת הפיצה באופן שווה ומפזרים את הגבינה הכחולה שנותרה ולאחר מכן גבינת מוצרלה.
i) מעל הכל עם פרוסות האגסים ואז האגוזים הקלויים.
j) מבשלים הכל בתנור כ-7-10 דקות.

98.פיצה חמאתית גורגונזולה

מַרְכִּיב

- 8/1 ג' חמאה
- 2 בצלי וידליה גדולים, פרוסים דק
- 2 כפיות סוכר
- חבילה אחת (10 אונקיות) בצק פיצה בקירור
- 1 ק"ג גבינת גורגונזולה, מפוררת

כיוונים

a) במחבת גדולה ממיסים את החמאה על אש בינונית ומאדים את הבצל כ-25 דקות.

b) מערבבים פנימה את הסוכר ומבשלים תוך ערבוב רצוף כ-1-2 דקות.

c) הגדר את התנור שלך ל-425 מעלות צלזיוס ושמן תבנית פיצה.

d) מניחים את הבצק על תבנית הפיצה המוכנה ומהדקים אותו לעובי הרצוי.

e) מניחים את הבצלים על הקרום באופן שווה, ואחריהם הגורגונזולה.

f) מבשלים הכל בתנור כ-10-12 דקות.

99.פיצה ענבים ארוגולה

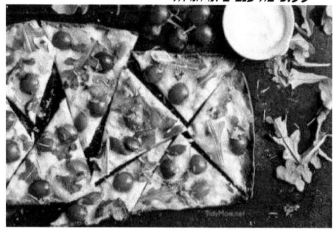

מַרכִּיב

- 16 אונקיות. בצק פיצה מוכן מראש
- 2/1 C. רוטב פסטה
- 2/1 ג' מוצרלה חלב מלא מגוררת
- 2/1 ג גבינת פרובולון מגוררת
- 4/1 צ' גבינת עיזים, מפוררת
- 4/1 C. צנוברים
- 10 ענבים אדומים, חצויים
- 4/1 C. ארוגולה, קצוץ דק
- 1 כף עלי רוזמרין מיובשים
- 1 כף אורגנו מיובש
- 2/1 כפיות כוסברה מיובשת

כיוונים

a) הגדר את התנור שלך ל-475 מעלות צלזיוס לפני שתעשה כל דבר אחר ושמן תבנית אפייה.

b) מסדרים את כדור בצק הפיצה על תבנית האפייה המוכנה ומשטחים את מרכז הבצק דק.

c) הקוטר של הקרום צריך להיות 12-14 אינץ'.

d) מערבבים בקערה את רוטב הפסטה, הארוגולה, הכוסברה והאורגנו.

e) מורחים את תערובת הרוטב על הבצק בצורה אחידה.

f) מניחים את גבינות המוצרלה והפרובולון על הרוטב באופן שווה.

g) מעל הכל את הענבים, ואחריהם הרוזמרין, גבינת העיזים והצנוברים.

h) מבשלים הכל בתנור כ-11-14 דקות.

.100 *פיצה בסגנון צרפתי*

מַרְכִּיב

- 1 קרום פיצה דק
- 2 ג' ענבים אדומים, פרוסים לחצי
- 2/1 ק"ג נקניקיה איטלקית, שחומה ומפוררת
- 6 אונקיות. גבינת עיזים טרייה
- שמן זית כתית
- מלח ופלפל

כיוונים

a) הגדר את התנור שלך ל-450 מעלות פרנהייט לפני שתעשה כל דבר אחר.
b) מסדרים את קרום הפיצה על תבנית פיצה.
c) מברישים את הקרום בשמן ומפזרים את המלח והפלפל השחור.
d) מניחים את הנקניק על קרום הפיצה, ואחריו את הענבים וגבינת העיזים.
e) מבשלים הכל בתנור כ-13-15 דקות.

סיכום

למרות שזה אחד המאכלים הפשוטים והפופולריים בעולם , פיצה קשה להגדיר
באופן מוזר . מאות שנים של אבולוציה הפכו אותה מהקציצות העשויות
מגרעינים מעוכים שהיו הקודמים המוקדמים ביותר שלה למנה , שלמרות שהיא
קשורה לאותן עוגות דגנים מוקדמות , כמעט בלתי ניתן לזיהוי כצאצא שלהן .
המשמעותי ביותר הוא השינוי במרכיב העיקרי , מדגנים גסים שונים לבצק על
בסיס חיטה בלבד , ובסופו של דבר למנה העשויה כמעט אך ורק עם קמח
לבן .

עם זאת , למרות שהפיצה לבשה צורות רבות , והרכבה , התוספות ,
התבלינים , שיטות ההכנה והציוד המשמש להכנתה השתנו באופן קיצוני
במהלך השנים , לרוב מדובר בלחם שטוח שנאפה בטמפרטורות גבוהות .

Milton Keynes UK
Ingram Content Group UK Ltd.
UKHW050641011023
429731UK00015B/180

9 781835 641668